Insultes et injures

pour avoir le dernier mot

Données de catalogage avant publication (Canada)

Leach, Nancy

Insultes et injures pour avoir le dernier mot : répliques méchantes pour toutes occasions

(Collection Humour)

ISBN 2-7640-0667-5

1. Invectives. 2. Français (Langue) – Québec (Province) – Argot. I. Titre. II. Collection : Collection Humour (Montréal, Québec).

PN3645.Q8L42 2002 447 C2002-941099-1

LES ÉDITIONS QUEBECOR
7, chemin Bates
Outremont (Québec)
H2V 4V7
Tél. : (514) 270-1746

Bibliothèque nationale du Québec
Bibliothèque nationale du Canada
ISBN 2-7640-0667-5

Éditeur : Jacques Simard
Coordonnatrice de la production : Claire Morasse
Conception de la couverture : Bernard Langlois
Illustration de la couverture : EyeWire
Maquette intérieure et infographie : Claude Bergeron

Nous reconnaissons l'aide financière du gouvernement du Canada par l'entremise du Programme d'Aide au Développement de l'Industrie de l'Édition pour nos activités d'édition.

Gouvernement du Québec — Programme de crédit d'impôt pour l'édition de livres — Gestion SODEC.

Imprimé au Canada

Insultes et injures

pour avoir le dernier mot

NANCY
LEACH

Avertissement*

Ce livre ne s'adresse pas aux enfants, mais aux adultes avertis.

Il pourrait offenser certaines personnes par la vulgarité et la grivoiserie de certains propos. Il renferme des blasphèmes, des jurons, des insultes et des propos injurieux. Le vocabulaire ecclésiastique, les entendus et les sous-entendus sexuels ainsi que la violence plus ou moins modérée font partie de cet ouvrage. Le contenu de ce livre ne vise en aucun cas des personnes, des groupes ou des communautés d'individus.

Et si le bon goût n'est pas toujours au rendez-vous, l'humour l'est.

---

* La forme masculine a été employée dans le seul but d'alléger le texte.

Table des matières

L'art de l'insulte

L'insulte consiste en une parole qui vise à outrager quelqu'un, quelqu'un qui le mérite, faut-il le préciser. L'art de l'insulte est de la diriger vers des gens qui l'ont cherchée. Insulter quelqu'un, c'est lui montrer que vous êtes plus fort, plus intelligent, plus fin que lui. Insulter un faible est lâche, et insulter quelqu'un qui ne le mérite pas l'est encore plus. User de grossièretés, de blasphèmes, fulminer contre un imbécile, un con, un méchant, est non seulement bénéfique pour vous, mais aussi pour l'ensemble du monde. En disant à un con ce qu'on pense de lui, on parle au nom de tous ceux qui sont incapables de le faire, et ça, c'est altruiste.

L'art d'insulter n'est pas donné à n'importe qui. En effet, une injure peut être placée n'importe où, n'importe quand. Mais une insulte demande beaucoup de finesse, d'intelligence, de ruse et d'ironie afin qu'elle soit efficace et qu'on obtienne l'effet escompté : clouer le bec de la victime, l'humilier ou lui rendre la monnaie de sa pièce. Une bonne insulte doit toucher la corde la plus sensible de la victime. Et c'est trouver cette fameuse corde qui demande de la finesse. Car une insulte est bonne et efficace surtout parce qu'elle est vraie ou, du moins, parce qu'elle contient un fond de vérité.

Dans l'insulte, les propos sont importants, mais l'intention l'est tout autant, sinon plus. On peut insulter quelqu'un pour lui démontrer notre affection, notre admiration ou pour se moquer gentiment de lui. Quand on connaît bien les gens qu'on insulte, ils comprennent, en principe, la réelle intention derrière notre propos. Par contre, si on insulte un étranger ou quelqu'un qu'on connaît peu, notre intention doit faire partie intégrante du propos. Par exemple, dans ce contexte, « Tu me fais chier » ne voudra rien dire d'autre que « Tu me fais chier ».

Les grands artistes de l'insulte le sont, en grande partie, par le vocabulaire coloré et varié qu'ils emploient. On n'a qu'à penser au capitaine Haddock, personnage d'Hergé, qui bombarde ses ennemis (et parfois même ses amis) d'insultes toujours à-propos et jamais de façon inutile ou gratuite. Le capitaine surprend par son ton, son agressivité certes, mais surtout par l'originalité des propos injurieux qu'il tient et par la réunion de plusieurs injures dans une même phrase. En ce sens, réunir des injures distinctes pour n'en former qu'une est bien plus efficace. Vous pouvez traiter quelqu'un de sale, mais vous pouvez aussi le traiter de « gros cochon de chien sale fini », votre intention est plus claire, plus appuyée et le message est beaucoup plus percutant. Et ajouter des sacres ou des jurons ajoute grandement à l'impact désiré ; un bon sacre bien placé n'est jamais de trop dans le domaine de l'insulte.

Tout insulteur qui se respecte fera un excellent usage de l'ironie, du sarcasme et du ton baveux et méchant que l'insulte mérite. Dire à quelqu'un le contraire de ce que l'on pense de lui, le traiter du contraire de ce qu'il est sera des plus efficaces si, dans votre ton, votre intention est claire. Dire à quelqu'un de très lent qu'il devrait faire de la « formule un » aura le même impact, quoique plus subtil, que si vous l'aviez traité de tortue ou de branleux. Et au lieu de dire à quelqu'un qui vient de nous insulter qu'on le déteste, on peut lui dire qu'on l'aime nous aussi et qu'on espère le revoir bientôt. Plus ironique et « facile », cette technique s'avère fort sûre quand on ne trouve plus rien à dire.

Pour devenir le maître de l'insulte, il faut avoir le dernier mot, quel qu'il soit. Plus vous insulterez quelqu'un longtemps, plus vous tomberez dans la facilité, dans les insultes gratuites. Commencez donc plus doucement, plus subtilement et gardez vos répliques « canons » pour achever votre victime, pour la faire taire juste au moment où elle pensait avoir le dessus. Ce sera votre plus belle victoire. Et remerciez toujours votre victime de s'être laissée insulter avec si peu de résistance.

Si vous ne réussissez pas à avoir le dernier mot avec votre victime parce qu'elle sait bien se défendre, vous pouvez toujours dire que vous n'avez pas de temps à perdre avec quelqu'un d'aussi bassement éduqué. C'est pas très courageux, mais ça sauve la face. Toutefois, tâchez de mieux vous préparer la prochaine fois ; car s'il y a une prochaine fois, il serait impardonnable que vous ne remportiez pas la joute à ce moment-là. Si vous perdiez, vous passeriez du statut d'insulteur à celui de victime. Dans l'art de l'insulte, une seule chose peut vous garantir le succès : l'assurance. Peu importe ce que vous direz, si vous êtes sûr de vous et de vos propos, si vous avez confiance en vous, du moins en apparence, et si vous êtes sincère, vous obtiendrez l'impact recherché.

Précisons que si vous détestez vraiment une personne, qu'elle vous énerve, vous donne envie de vomir, que vous voulez l'insulter au plus haut point, évitez-la au maximum. Ignorez-la, jouez l'indifférent, faites comme si elle n'existait pas. Ne la regardez jamais ; si elle vous parle, donnez-lui le sentiment qu'elle est un fantôme, qu'elle n'est rien. Ça fait plus mal que des mots et c'est tellement moins forçant.

Plusieurs tabous existent encore relativement à l'insulte. Il y a, aujourd'hui, des personnes qu'on ne peut pas insulter : les patrons, les gros clients, les personnes âgées et handicapées, tous ceux qui touchent de près ou de loin à la religion, les moins bien nantis, ceux qui font pitié, etc. Pourtant, insulter quelqu'un, quel qu'il soit, lui démontre que vous le considérez assez pour passer du temps à l'insulter ; vous ne le considérez pas comme une personne faible mais comme quelqu'un qui peut se défendre. Ceux que l'on croit intouchables dans notre société sont souvent des champions de l'autodérision et ont un meilleur sens de l'humour que les autres gens.

Le secret pour insulter qui on veut est d'attendre le bon moment, le contexte propice et, surtout, de diriger votre insulte vers quelqu'un qui le mérite. Que la personne ait 85 ans, soit aveugle ou en fauteuil roulant, qu'elle soit votre patron ou votre employé, une bonne insulte bien dirigée la fera sourire ou, du moins, réagir. Il s'agit de ne pas insulter gratuitement, et ce, peu importe qui vous voulez insulter.

Et plus vous insultez quelqu'un poliment, sans agressivité ni vulgarité, plus votre insulte risque d'atteindre sa cible, sans pour autant vous faire passer pour un frustré ou un enragé. Bref, un maître de l'insulte garde son sang-froid, son calme, peu importe la vulgarité de ses propos et est toujours plus intelligent, plus fin et plus brillant que ses victimes ou, du moins, s'arrange pour en avoir l'air. Restez donc poli. Dire des grossièretés et des vulgarités, blasphémer contre quelqu'un en utilisant le vouvoiement et les règles de base de la politesse (remercier, sourire, ne pas interrompre, etc.) a toujours un effet plus dévastateur que lorsque l'on insulte en hurlant.

Si vous voulez devenir un maître de l'insulte, vous devez trouver votre propre style, vos propres insultes, votre propre vocabulaire de l'insulte. Inventez, testez, osez insulter et amusez-vous ! Enrichissez votre vocabulaire, imitez les experts, les as de l'insulte. Perfectionnez votre art ! Plus vous aurez du plaisir, plus brillantes et fines seront vos insultes. Et dans ce domaine, vous n'avez que deux alliés : vous-même et votre imagination.

L'insulte : ce qu'ils en ont dit

Les compliments, c'est bien beau, c'est bien agréable, mais on ne sait jamais si c'est sincère, tandis que les insultes, ça vient du cœur.

Marc-André Poissant

En fait d'insultes, ne dédaignez pas tout. Il faut toute la grandeur de l'esprit pour discerner sainement les cas de dédain. Un homme de cœur doit savoir être offensé.

Victor Hugo

Tant qu'on fait rire, c'est des plaisanteries. Dès que c'est pas drôle, c'est des insultes.

Coluche

L'ironie est une insulte déguisée en compliment.

E. P. Whipple

L'insulte est souvent l'argument final de celui qui ne trouve plus rien à dire.

Anonyme

Je n'insulte pas. Je prouve.

Eugène Ionesco

Insultes aux cons, aux épais, aux imbéciles, aux stupides, aux idiots, etc.

À côté de toi, un joueur de hockey recevrait un prix Nobel.

C'est bien que tu sois un autodidacte, il n'y a personne d'autre que toi à blâmer !

C'est dommage que la stupidité ne fasse pas mal.

C'est héréditaire ou t'as étudié pour être un con professionnel ?

C'est pas toi qui as inventé la roue.

C'est pas toi qui as inventé le bouton à quatre trous.

Ça ne me dérange pas que tu parles, pour autant que je n'aie pas à t'écouter.

– Combien ça t'a pris d'années juste pour apprendre à respirer ?

Comment je fais pour garder un imbécile dans le suspense pendant 24 heures ? Je te le dirai demain !

Continue de parler, je joue toujours l'indifférence quand je suis intéressé.

– Continue de parler, à un moment donné, tu vas bien finir par dire quelque chose d'intelligent.

Dans une si grosse tête, le pois qui te sert de cerveau doit se sentir bien seul.

Depuis que tu nous as quittés, le village se cherche un autre idiot.

Dommage que ton cerveau ne soit plus garanti.

Est-ce que l'hôpital psychiatrique t'a trop donné de médicaments aujourd'hui ?

Est-ce que t'es toujours con comme ça ou tu fais un effort particulier aujourd'hui ?

Est-ce que tu comptes traîner ton cerveau devant les tribunaux pour t'avoir abandonné ?

Est-ce que tu veux mourir comme tu as vécu : stupide ?

Être stupide comme toi, ça doit être terriblement souffrant. Tu veux une aspirine ?

J'ai 10 secondes devant moi, allez, dis-moi tout ce que tu sais.

J'ai entendu dire que le seul endroit où tu étais invité était dehors ?

J'ai entendu dire que tu es né le 2 avril. Une journée trop tard !

J'ai entendu dire que tu étais entré dans un club très sélect, comme souffre-douleur.

J'ai su que tu avais eu une greffe du cerveau et que le cerveau t'a rejeté.

- J'ai toujours eu un grand respect pour les morts, alors je te respecterai seulement lorsque tu seras mort.

- J'aimerais beaucoup t'insulter, mais je doute que tu comprennes ce que je dis.

J'aimerais te quitter sur une pensée, mais je ne crois pas que tu as une place faite pour ça dans ta tête.

J'entends tout ce que tu me dis, mais je n'en ai rien à faire !

J'espère sincèrement que tu es stérile.

Je ne sais pas c'est quoi ton problème, mais je suis sûr que c'est difficile à prononcer.

- Je ne sais pas ce qui te rend si épais, mais ça marche vraiment bien.

Je ne savais pas qu'on pouvait souffrir d'épilepsie sans cerveau.

– Je parie que ton cerveau sent le neuf, étant donné qu'il n'a jamais servi.

– Je pense que tu ne connais pas le sens du mot « imbécile », mais tu ne connais pas le sens de tous les autres mots, alors...

– Je sais que t'es pas aussi stupide que tu en as l'air, c'est impossible.

Je suis blonde, et toi, c'est quoi ton excuse ?

Je suis impressionné, je n'ai jamais vu un petit cerveau dans une tête aussi grosse.

– Je te regarde et je me dis que c'est dommage qu'il n'y ait pas de vaccin contre la stupidité.

Je te regarde, et il me semble que c'est le temps que tu deviennes une personne disparue.

Je vois que tu ne laisses pas l'éducation se mettre sur le chemin de ton ignorance.

L'ignorance, ça se soigne. Dommage pour toi, la stupidité est incurable.

La plupart des gens vivent et apprennent. Toi, tu vis seulement.

La seule chose que tu apportes à la compagnie, c'est ton déjeuner.

Le fait que personne ne te comprend ne fait pas de toi un artiste.

L'intelligence était en grève quand t'es né.

Ne t'inquiète pas, c'est impossible que je te trouve encore plus con que maintenant.

On descend tous du singe, mais toi, t'es pas descendu assez.

On dit que deux têtes valent mieux qu'une. Dans ton cas, une tête vaudrait mieux que pas de tête du tout.

Personne ne dit que tu es attardé, ils disent seulement que c'est à 16 ans que tu as pu enfin manger tout seul.

Personne ne saura que tu as eu une lobotomie si tu arrives à contrôler les idioties qui te sortent de la bouche et à camoufler tes cicatrices.

Peu importe ce qui est en train de te bouffer le cerveau présentement, il doit terriblement souffrir de la faim.

Quand je dis que t'es épais, je ne t'insulte pas, je pose un diagnostic.

Quand je te regarde dans les yeux, je vois le fond de ta tête.

Quand je te vois, je crois à la réincarnation. Personne ne peut être aussi stupide que toi en une seule vie.

– Quand tu dis un truc intelligent, tu te retournes pour voir si c'est pas quelqu'un d'autre qui l'a dit !

Quand tu seras mort, je dirai aux gens que la cause de ton décès était ta stupidité.

Qui je traite de stupide ? Bonne question ! Quel est ton nom ?

Si ce que l'on ne sait pas ne nous fait pas mal, t'as jamais dû souffrir de ta vie.

Si jamais je te donne une cenne noire pour ton intelligence, tu vas me devoir de la monnaie.

Si la vérité dépasse la fiction, en fait de conneries, tu es la réalité.

Si les imbéciles sont heureux, tu dois être la personne la plus heureuse du monde.

Si t'étais deux fois plus intelligent que tu l'es aujourd'hui, tu serais stupide.

Si t'étais un hamburger chez McDonald's, tu t'appellerais McMoron.

Si un jour j'ai besoin d'une greffe de cerveau, je choisirai le tien, il ne te sert pas de toute façon.

S'il y avait un concours de stupidité, tu réussirais à arriver dernier.

Sous le mot « con » dans le dictionnaire, il y a ta photo.

T’as eu une liposuccion du cerveau.

T’as oublié de payer la facture pour ton cerveau ?

T’es le genre de gars qu’on doit prendre comme modèle pour construire des idiots.

T’es pas juste con et imbécile, t’es épais aussi.

T’es pas stupide, t’es seulement possédé par un démon attardé.

T’es perdu dans tes pensées ? C’est vrai que tu dois pas connaître beaucoup ce coin-là.

T’es tellement con que lorsque tu joues avec ton chien, c’est toi qui vas chercher la balle.

T’es tellement con que tu réussis à échouer un test d’urine !

T’es un vrai miracle de la nature, ton quotient intellectuel est de 2 et tu es capable de respirer.

Tais-toi maintenant et laisse ton cerveau se reposer, il en a sérieusement besoin.

Te traiter de con serait vraiment insultant pour les cons de ce monde.

T'es constipé du cerveau ?

Ton cerveau est mécanique, n'est-ce pas ? Dommage que tu ne l'aies pas remonté ce matin.

Ton incompétence est une inspiration pour tous les imbéciles de la terre.

Ton neurologue m'a dit qu'il n'avait rien trouvé dans ta tête, rien !

Ton quotient intellectuel est équivalent à la température ambiante. Brrr ! C'est pas chaud ici !

Tout ce qu'on te dit entre par une oreille et ressort par l'autre parce qu'il n'y a rien pour arrêter la circulation.

Tous ceux qui t'ont dit d'être toi-même t'ont donné un très mauvais conseil.

Tout le monde a reçu des dons en cadeau, toi, tu ne les as pas encore déballés.

Tout le monde dit que tu es un parfait idiot. T'es pas parfait, c'est sûr, mais pour un idiot, tu excelles.

Tu as un complexe d'infériorité et c'est tout à fait justifié.

Tu es aussi fort qu'un bœuf et presque aussi intelligent.

Tu es la preuve vivante qu'on devrait interdire aux cons le droit de respirer.

Tu es la preuve vivante qu'on peut vivre sans cerveau.

Tu es la preuve vivante que l'évolution peut être inversée.

Tu fais partie des « savants idiots », sans la partie « savants ».

Tu n'es pas aussi con que tout le monde le dit, tu es bien plus con encore.

Tu n'es pas stupide comme d'autres, tu l'es de bien pire façon.

Tu n'es pas toi-même aujourd'hui, tu es plus con que d'habitude.

Tu ne t'es jamais demandé ce qu'aurait été ta vie si ton cerveau n'avait pas manqué d'oxygène à la naissance ?

Insultes aux laids et aux très laids

Bonjour, je suis de la planète Terre. Et vous, de quelle planète venez-vous ?

Comment t'es arrivé ici ? Quelqu'un n'avait pas verrouillé ta cage ?

De quelle couleur est le ciel sur ta planète ?

De ton point de vue extérieur, qu'est-ce que tu penses des humains ?

En vérité, tu as l'arme parfaite pour tuer : ta face !

Enlève ton masque ! L'Halloween, c'est pas tout de suite !

Est-ce que je peux emprunter ton visage pour quelques jours ? C'est parce que mes fesses partent en vacances et je veux les remplacer.

Est-ce que t'es un véritable humain ou un extraterrestre ?

Est-ce que tu manges une banane ou est-ce ton nez ?

J'ai déjà vu des gens comme toi, mais j'ai dû payer, par exemple !

J'ai pensé à toi, aujourd'hui. J'étais devant la cage des gorilles au zoo.

Je n'oublie jamais un visage, mais dans ton cas, je vais faire une exception.

Je parie qu'avec ce nez, tu peux ouvrir ton courrier !

Je suis vraiment désolé pour toi parce que tu es très laid, mais je suis encore plus désolé pour moi parce que je dois te regarder.

Je te regarde pis je me dis qu'être aveugle, c'est pas si mal.

Je te souhaite vraiment de beaucoup changer en vieillissant.

Le pouvoir de la libido est très puissant et rend complètement fou. Le fait que tu aies une vie sexuelle le démontre bien.

N'importe quelle ressemblance entre un humain et toi n'est que pure coïncidence.

Ne te place pas devant la fenêtre, les gens vont penser qu'on fête l'Halloween.

On dirait que quelqu'un t'a mis le feu dans la face et l'a éteint avec une pelle.

Pour l'Halloween, on se déguise en cheval. Je me déguiserai avec le devant et toi, tu seras toi-même.

Quand je te vois dans mes rêves, je sais que j'ai trop mangé avant de me coucher.

Quand tu es né, Dieu a admis qu'il avait fait une erreur impardonnable.

Quand tu vas au zoo, tu dois acheter deux billets : un pour entrer et un pour sortir.

Quand tu vas chez l'esthéticienne, ça doit lui prendre au moins 12 heures, juste pour l'estimé…

Si j'avais ton visage, je traînerais mes parents devant les tribunaux !

Si j'étais aussi laid que toi, je ne dirais pas « bonjour » mais plutôt « adieu ».

Si j'étais un chat, je me servirais de ta face pour me faire les griffes !

Si jamais quelqu'un veut t'agresser dans la rue, il va rebrousser chemin en se disant que quelqu'un est passé avant lui.

Si je te ressemblais, je porterais un masque.

Si tu participais à un concours de laideur, on te refuserait en disant : « Désolé, c'est un concours amateur, pas professionnel ! »

T'as de la chance, car laid comme tu es, il n'y a aucune chance que tu serves d'otage un jour.

T'as la face comme un *party* de cégep.

T'as les dents tellement jaunes que lorsque tu fermes ta bouche, tes yeux s'allument.

T'as reçu combien de coups de pelle dans la face ?

T'es bien de mauvaise humeur ? Tu t'es levé du mauvais côté de ta cage, ce matin ?

T'es tellement laid qu'il n'y a pas de mots pour te décrire, donc, je vais juste vomir.

T'es tellement laid qu'on est à la veille de fêter l'Halloween à ta fête.

T'es tellement laid que lorsque tu montres ton visage en public, la police t'arrête pour grossière indécence.

T'es tellement laid que lorsque tu vas à la banque, ils coupent les caméras !

T'es tellement laid que lorsque tu veux sauter à l'eau, elle se sauve !

T'es tellement laid que ta femme va au travail avec toi juste pour ne pas avoir à t'embrasser le matin.

T'es tellement laid que tu dois passer l'Halloween au téléphone.

T'es tellement laid que tu fais peur aux aveugles.

T'es tellement laid que, à côté de toi, Yoda a l'air d'un top-modèle.

T'es tellement laid que lorsque t'es né, ton incubateur avait des vitres teintées.

T'es tellement moche que lorsque tu sors du zoo, on vérifie les cages.

Ta face est vraiment laide, et ton corps aussi soit dit en passant.

Ta face me donne envie de me crever les deux yeux.

Tout le monde a le droit d'être laid, mais toi, tu abuses.

Toutes les filles qui t'ont embrassé l'ont fait les yeux fermés. Si on observe ton visage, on voit bien que c'est la seule façon de le faire.

Tu aimes la nature ? T'es pas rancunier !

Tu as une chose horrible qui te pousse sur le cou. Ah ! c'est ta tête !

Tu devrais te laisser pousser les cheveux dans la face, ça te ferait bien.

Tu es en vie seulement pour servir d'avertissement au reste du monde.

Tu es sûr que tu n'as pas besoin d'un permis pour être aussi laid ?

Tu fais tellement peur que t'es capable de faire pleurer un oignon.

Tu penses que tu es une sirène, mais tu as plus l'air d'une fausse alarme.

Tu sais que tu es la cause de la laideur de tes enfants ?

Tu t'es fait refaire la face avec des morceaux de cochons ?

Tu t'es fait refaire la face avec des retailles de grimaces ?

Insultes aux répugnants et aux malodorants

Avant que tu arrives, j'avais faim. Maintenant, j'ai mal au cœur.

Ça ne peut pas être ton visage… C'est ton cou qui a vomi, alors ?

Est-ce que c'est ton haleine ou des produits toxiques qui ont explosé dans la bouche ?

Est-ce que t'utilises un putois comme rince-bouche ?

J'ai vu un corps en décomposition aujourd'hui et c'était moins répugnant que de te regarder.

Je ne savais pas que t'étais allergique à la propreté.

Qu'est-ce que tu vas faire avec ta face quand le singe va vouloir récupérer son cul ?

Respire de l'autre côté, s'il te plaît, ton haleine fait tomber mes cheveux.

Si j'avais ta tête à la place de mon cul, je fermerais la lumière pour aller aux toilettes.

Si mon chien avait ta face, j'y raserais le cul et je lui apprendrais à marcher à reculons.

T'as pas changé ta couche ou c'est ton odeur naturelle ?

T'as tellement de boutons que tu dois moucher du pus !

T'as un petit côté sauvage : ton haleine.

T'es tellement répugnant que lorsque tu te baignes à la mer, les requins n'approchent même pas.

T'es tellement répugnant que t'es même pas capable d'attraper un coup de soleil.

Toi, t'es un gars propre, t'es le genre à prendre ton bain une fois par mois, que tu en aies besoin ou non.

Tu es la preuve qu'un tas de fumier peut avoir des jambes et marcher.

Tu me rappelles la mer, tu me rends malade.

Tu pues tellement que les mouffettes t'appellent maman (ou papa).

–Tu pues tellement que lorsque tu pètes, ça sent bon !

Tu pues tellement que lorsque tu veux te parfumer, le parfum ne veut même pas sortir du flacon.

Tu sens le défunt.

Tu t'es fait refaire la face avec des résidus de fumier ?

Va-t'en vite ! Je ne peux pas retenir mon souffle très longtemps !

Insultes aux filles prépubères ou anorexiques ou blondes

C'est un crime de ruiner de si beaux cheveux blonds avec ces racines noires.

Ce chandail te fait une belle poitrine… Pardon ! C'est tes omoplates !

Ce qui est bien avec ton corps, c'est que tu peux voir tous tes os sans passer de rayons X.

Dans ton cas, la puberté a passé tout droit.

Est-ce que t'étais niaiseuse avant ou tu l'es seulement depuis que tes cheveux sont teints en blond ?

Ne saute pas dans les airs, tu ne remettras jamais les pieds à terre.

Où as-tu trouvé ta robe ? J'en cherche une pareille pour ma nièce de quatre ans.

Quand tu te penches, t'as l'air d'une clé IKEA.

Si tu pètes, tu t'envoles.

Si tu te fais bronzer, tu risques d'attraper des brûlures d'estomac.

T'as tellement les joues creuses qu'elles se touchent à l'intérieur de ta bouche.

T'es même pas assez lourde pour te pendre.

T'es tellement maigre que si c'était pas de face, on ferait pas la différence entre ton dos et ton devant.

T'es tellement plate que tu devrais te faire tatouer « devant » dans le front pour qu'on puisse faire la différence.

Ta croissance s'est arrêtée quand tu avais huit ou neuf ans ?

Tout ce qui fait bien sur un cintre doit t'aller comme un gant.

Tu as quelque chose sur l'épaule… Ah non ! Pardon ! C'est juste un os !

Tu te rappelles de l'époque où tu mangeais ?

Un mur a plus de formes que toi.

Insultes aux gros et aux grosses

À côté de toi, un lutteur sumo a l'air anorexique.

C'est beau ce que tu portes, pour des vêtements conçus par un constructeur en bâtiment.

Est-ce que tu collectionnes les mentons ?

Je me souviens du temps où tu n'avais qu'un seul estomac.

Je pense que je vais passer par-dessus toi parce que je n'ai pas assez de temps devant moi pour te contourner.

Je vois que tu aimais beaucoup ton menton, t'as donc décidé d'en ajouter quelques-uns de plus.

Même ton double menton a un double menton.

Ne cours pas ! Tu vas provoquer un tremblement de terre !

Ne porte pas de jaune, tu vas passer pour un taxi !

Ne sors pas dehors, tu vas provoquer une éclipse.

Ne te blesse pas, ça pourrait provoquer une inondation de graisse !

Quand la bouffe te voit arriver, elle doit juste avoir envie de se sauver en courant.

Quand tu vas accoucher, j'aimerais ça que tu me gardes un petit chiot.

Si je suis en voiture et que j'essaie de t'éviter, je vais manquer d'essence.

Si tu portes des talons aiguilles, tu vas trouver des puits de pétrole.

T'as vraiment un grand cœur, et l'estomac qui va avec.

T'es enceinte de combien de mois ?

T'es tellement cochon que ton bol de céréales doit être accompagné d'un sauveteur.

T'es tellement gras que tu mouches du bacon.

T'es tellement gros qu'il faut te photographier par satellite.

T'es tellement gros quand tu t'installes sur le pèse-personne, tout ce qu'il indique c'est « À suivre… »

T'es tellement gros que lorsque tu t'installes sur le pèse-personne, tout ce qu'il indique c'est « Une personne à la fois, s'il vous plaît… »

T'es tellement gros que Christophe Colomb t'aurait qualifié de « Nouveau Monde ».

T'es tellement gros que dans la douche, t'arrives pas à mouiller tes pieds.

T'es tellement gros que si tu voulais un lit d'eau, il faudrait étendre une couverture sur un lac.

T'es tellement gros que tu couvres deux fuseaux horaires.

T'es tellement gros que tu dois mettre ta ceinture avec un boomerang.

T'es tellement gros que tu dois suer de la mayonnaise !

T'es tellement gros que tu es tout près d'avoir des obèses en orbite autour de toi.

Ton tour de taille équivaut à l'équateur.

Tu as autant de mentons qu'il y a de noms dans l'annuaire téléphonique de New York.

Tu dois avoir besoin d'une carte routière pour trouver ton nombril.

T'es tellement gros qu'on a dû te baptiser dans l'océan.

Tu fais vraiment du 36-24-36 : 36 de menton, 24 de pli, 36 de menton…

Tu transpires pas trop pour une grosse.

Va pas traîner sur la plage, Greenpeace va tout faire pour te remettre à l'eau.

Insultes aux achalants et aux énervants

Est-ce qu'il pleut ou c'est toi qui postillonnes ?

Excuse-moi, je t'ai pris pour quelqu'un dont je n'ai vraiment rien à foutre.

J'ai toujours pensé que tu étais une tache, maintenant je sais que tu vaux encore moins que ça.

Je n'ai rien contre le fait que tu arrives, j'en ai quelque chose contre le fait que tu restes.

Je ne pense pas que tu pourrais être aussi niaiseux que tu es laid, ça ferait vraiment trop de coïncidences.

Je sais pas si c'est ta grande gueule ou le fait qu'elle est toujours ouverte, mais j'ai vraiment envie de te faire manger du ciment.

Je ne te parlerais même pas si t'avais un sac en papier sur la tête !

Si je te dis quoi que ce soit qui pourrait t'offenser, j'en serai ravi.

Si t'étais orphelin, je serais triste pour toi, mais très heureux pour tes parents.

T'as jamais pensé prendre un aller simple pour les îles Mouk-Mouk ?

T'es en train de magasiner une claque sur la gueule ou un coup de pied au cul ?

Ta mère ne t'a pas élevé, elle t'a traîné.

T'es vraiment utile à la santé des gens : quand on te voit arriver, on va tout de suite faire une longue promenade.

Tu m'as dit que tu irais au bout du monde pour moi. Que fais-tu encore ici ?

Tu ne dois avoir aucune estime pour les gens que tu considères comme tes égaux.

Y'a quelque chose chez toi que j'aimais, mais tu l'as perdu.

Insultes aux hypocrites, aux méchants, aux menteurs, aux prétentieux et autres trous du cul

As-tu envie de chier ou tu souris comme ça naturellement ?

C'est évident que c'est pas ta vraie face que tu as là, le Créateur est quand même pas cruel à ce point-là !

Est-ce que tu veux que je t'accepte tel que tu es, ou que je me mente à moi-même et que je fasse semblant de t'aimer ?

Il y a deux choses que je n'aime pas chez toi : tes deux faces.

Il y a quelques personnes dans le monde que je déteste tout particulièrement, et tu en fais partie.

Je n'ai pas oublié le moment où je t'ai rencontré, et crois-moi, c'est pas faute d'avoir essayé.

Je ne pense pas que tu sois un hypocrite, mais que vaut mon opinion contre des milliers d'autres ?

Je ne te considère pas comme un vautour, mais plutôt comme un vautour qui a faim.

Je pensais que tu étais hypocrite et menteur. Maintenant que je te connais, je sais que c'est le contraire, tu es menteur et hypocrite.

Je sais quand tu mens : tes lèvres bougent.

Je t'admire parce que ça prend du courage pour être menteur, hypocrite et con comme tu l'es.

Je t'aime bien, tout le monde dit que je n'ai pas de goût ni de jugement, mais je t'aime bien.

Je t'écoute pis je peux même pas croire le contraire de ce que tu dis.

Je te comprends, c'est vrai, j'ai toujours eu de la facilité à comprendre les animaux.

Le succès t'a pas changé du tout, t'es aussi trou du cul qu'avant.

Quand tu vas mourir, je ne pense pas pouvoir aller à tes funérailles, je vais sûrement travailler. Et j'ai toujours fait passer le travail avant le plaisir !

Rends quelqu'un heureux et mêle-toi de tes affaires.

Si je te demandais de sortir les ordures, tu te sortirais.

Si je te frappe dans le cœur, je vais me casser un os.

Si la merde était musique, tu serais l'orchestre.

Si on tuait ceux qui te détestent, on ne parlerait pas de meurtre mais de génocide.

T'as tellement une grande gueule que tu peux chanter en duo tout seul.

T'as une tête à faire de la politique.

T'es tellement bête que même tes Rice Krispies ne te parlent pas.

T'es tellement malhonnête que je ne suis même pas sûr si ce que tu me dis est un mensonge.

T'es tellement salaud que t'as même pas de nom propre !

T'es tellement un visage à deux faces que ta femme pourrait être accusée de bigamie.

Ta bouche est trop grande pour la muselière que je t'ai achetée.

Tes parents ne t'ont jamais demandé de fuguer ?

Tout le monde te déteste, tu sais. Enfin, pas tout le monde, parce que c'est pas tout le monde qui te connaît.

Tu as plus de faces que le mont Rushmore.

Tu dois être mathématicien : tu additionnes les problèmes, tu soustrais le plaisir, tu divises le bon jugement et tu multiplies l'hypocrisie.

Tu es indulgent envers toi-même plus que n'importe quel jury ne le sera jamais.

Tu es le genre de personne qu'on rencontre pour la première fois et qu'on n'aime pas. Après, on apprend à te connaître et on te déteste.

Tu es le meilleur dans tout ce que tu fais, et tout ce que tu fais, c'est te faire détester.

Tu ne penses pas qu'il y a assez de personnes à haïr dans le monde aujourd'hui, sans que tu mettes tant d'efforts pour être du lot ?

Tu ne seras jamais capable d'être aussi bas que ta réputation, mais tu fais vraiment de ton mieux.

Tu penses que tu ne fais pas partie de notre monde, et je te jure, tout le monde voudrait bien que ça soit vrai.

Tu veux tellement être le centre d'attraction que lorsque tu vas à des funérailles, tu voudrais être le mort.

Insultes aux séducteurs sans talent

Avec toi, je vais prendre mon pied… et te le mettre au cul.

Choisir entre mon tube de rouge à lèvres et ton petit tube, je vais opter pour le rouge à lèvres.

Depuis que t'es entré, la moyenne d'âge est passée de 20 à 75 ans. Bravo !

Dieu m'aime et m'a réservé d'autres projets que celui de coucher avec toi.

J'aime beaucoup ton approche. Maintenant, montre-moi comment tu t'en vas.

J'aimerais avoir du plaisir avec toi, mais tu ne m'apportes que souffrance et malaise.

J'aimerais sortir avec toi, mais ce sont mes publicités favorites à la télé, ce soir.

Je ne me rappelle pas de ton nom, et s'il te plaît, ne m'aide pas !

Je pense que tu devrais te trouver quelqu'un dont les exigences sont inexistantes.

Je suis occupé présentement, est-ce que je peux t'ignorer une autre fois ?

Je voudrais te demander ton âge, mais il est évident que tu ne sais pas compter jusque-là.

Le club de l'âge d'or est de l'autre côté de la rue.

Quand on te voit, on comprend que la masturbation a bien meilleur goût.

Si je dis que tu vas me manquer, est-ce que tu t'en vas ?

Si je t'embrasse, je vais m'empoisonner.

T'as lu ça au-dessus de l'urinoir ou ben c'est juste ton odeur qui me fait penser ça ?

T'es venu tout seul ou tu fais honte à quelqu'un ?

Ton pouce est plus gros que ta graine bandée.

Tu vois, c'est ce que je veux dire par noir et attirant. Dans le noir, tu es attirant.

Insultes aux ennuyants et aux perdants (*loosers*)

À côté de toi, un courant d'air a de la personnalité.

Continue de parler, je m'endors toujours quand c'est intéressant.

Je vois que tu t'es préparé à te faire humilier encore une fois.

Ma perruche a plus de conversation que toi.

Ne bouge pas, j'essaie de t'imaginer avec une personnalité.

On dit que les contraires s'attirent. Je te souhaite donc de rencontrer quelqu'un d'intéressant.

On peut pas te traiter de lâcheur, tu as toujours été renvoyé de tous tes emplois.

Sous le mot « ennui » dans le dictionnaire, il y a ta photo.

T'as jamais pensé à te faire coudre les lèvres ?

T'as moins de présence qu'un coup de vent.

T'es encore plus endormant qu'un flacon de somnifères !

T'es tellement ennuyant qu'à côté de toi, laver la vaisselle est une aventure des plus excitantes !

T'es tellement ennuyant que lorsqu'on bâille pendant que tu parles, tu considères que t'as réussi à capter notre attention.

T'es tellement *looser* que t'arrives même pas à terminer dernier.

T'es tellement *looser* que tu arriverais à te faire frapper par une auto stationnée.

T'es tellement *looser* que tu parais flou sur les photos.

T'es tellement *looser* que tu réussirais à perdre tout ton argent dans une distributrice !

T'es tellement plate que lorsque tu rêves, c'est de vieilles reprises en noir et blanc.

T'es tellement plate qu'on pourrait te faxer !

T'es tellement ennuyant que tu ne peux même pas réveiller quelqu'un qui l'est déjà.

Un jour, tu trouveras qui tu es réellement, mais personnellement, je ne suis pas assez cruel pour te souhaiter ça.

Insultes aux lents et aux paresseux

Est-ce que l'immobilité est ta vitesse la plus rapide ?

T'as deux vitesses : arrêt et stop.

T'avances tellement pas que les mouches s'écrasent sur ta glace d'en arrière !

T'es tellement lent que même ton écho prend des heures à revenir !

T'es tellement lent que lorsque tu arrives au boulot, tu dois raser ta barbe de deux jours.

T'es tellement lent que sur le dos d'une tortue, tu te sentirais comme sur un cheval de course.

T'es tellement lent que tu te fais dépasser par les voitures stationnées.

T'es tellement lent que tu vas encore moins vite qu'un escargot immobile.

T'es tellement paresseux que tu dors debout pour pas être obligé de te lever le matin.

T'es tellement pas vite que ça te prend 1 heure et 45 minutes pour écouter l'émission *60 Minutes*.

Insultes aux démodés et aux quétaines

C'est pas que tu n'es pas à la mode, c'est que tu ne l'as jamais été.

C'est pas ta maison qu'on a utilisée pour tourner le film dont l'action se passait au siècle dernier ?

Est-ce que tu pourrais t'habiller encore plus mal ? Ce serait difficile, n'est-ce pas ?

Est-ce que tu t'habilles dans une machine à voyager dans le temps ? Tu l'as vraiment mal programmée, tu sais !

Garde-la, hein, cette robe-là : elle va sûrement revenir à la mode un jour !

Je crois que j'ai vu tes vêtements au musée le mois dernier.

Tes affaires sont tellement passées de mode qu'elles ne datent même pas de notre siècle.

Tes cheveux, c'est pas récent, c'est d'une autre époque, n'est-ce pas ?

Ton coiffeur doit vraiment te détester.

Insultes aux chauves et aux chauves en devenir

C'est pas le fait que t'es chauve qui te rend si peu attirant, c'est le fait que tu aies trop de front.

Je crois que tes cheveux s'éloignent de plus en plus de ta face.

Je regarde ton crâne chauve et je me dis que c'est dommage que la calvitie ne tue pas.

Les poux doivent vraiment se sentir en plein désert sur ton crâne.

Les poux sur ta tête sont vraiment sans-abri.

Quand tu te coiffes, non seulement ton peigne gagne, mais il garde tes cheveux comme trophée.

Ton cheveu doit se sentir tout seul au milieu de ce désert.

Tu as quelque chose sur la tête… Désolé, ce n'est que mon reflet sur ton crâne.

Tu ne paies pas ton coiffeur pour couper tes cheveux, tu le paies pour les chercher !

Tu sais que désormais tes cheveux sont considérés comme une espèce en voie de disparition.

Insultes aux ivrognes

Le barman te connaît tellement bien qu'il te permet de le remplacer derrière le bar.

T'es tellement intoxiqué par l'alcool que si tu tousses, tu vas soûler quelqu'un.

T'es tellement ivrogne que tu vois comme il faut seulement si tu fermes un œil.

T'es tellement soûl que ce sont les autres qui te voient en double !

T'es tellement soûl que les moustiques meurent d'une surdose quand ils te piquent.

T'es tellement soûl que tu t'accroches à l'herbe pour ne pas tomber sur le sol.

Tu bois tellement que lorsque tu donnes du sang, ils s'en servent pour stériliser les instruments !

Tu bois tellement que ton urine contient 12 % d'alcool.

Une prise de sang a démontré qu'il y avait du sang dans ton alcool.

Insultes au vendeur qui essaie de nous avoir...

Ça ne me dérange pas de me faire fourrer, mais prends au moins de la vaseline.

Désolé, je pensais m'adresser à un vendeur, pas à un cambrioleur.

Est-ce que le chantage et les menaces sont des techniques de vente qu'on vous a apprises à l'école ?

Excuse-moi, est-ce que tu fais ce prix-là juste pour moi ou t'essaies de voler tous les autres clients ?

Je pensais acheter quelque chose, pas vous donner tout ce que j'ai.

Je reviendrai quand j'aurai de l'argent à lancer par les fenêtres.

Je reviendrai quand j'aurai gagné à la loterie.

Non merci, c'est parce que je ne prévoyais pas faire faillite, cette année.

Tu perds ton temps, je ne suis pas assez riche pour me faire avoir comme tu le souhaiterais.

Insultes aux avares, aux *cheaps* et aux gratteux

T'es tellement avare que tu as de la monnaie pour une cenne noire.

T'es tellement avare que tu ne quittes pas ton espace de stationnement tant que ton parcomètre n'indique pas « Expiré ».

T'es tellement avare que tu parles du nez pour pas user ton dentier.

T'es tellement avare que, à côté de toi, mon banquier a l'air de mère Teresa.

T'es tellement *cheap* que lorsque ta femme t'a dit qu'elle voulait voir le monde, tu lui as acheté un globe terrestre.

T'es tellement *cheap* que si tu gagnais le million à la loterie, tu regretterais d'avoir dépensé 1 $ pour le billet.

T'es tellement *cheap* que t'éjacules en dedans.

T'es tellement *cheap* que tu donnes même pas l'heure.

T'es tellement *cheap* que tu partages même pas ton avis !

T'es tellement *cheap* que tu recycles le recyclage de ton recyclage.

T'es tellement gratteux que tu dois avoir de la monnaie pour une cenne noire.

T'es tellement gratteux que tu regardes par-dessus tes lunettes pour ne pas les user.

T'es tellement gratteux que tu sautes au lieu de marcher pour ne pas user tes chaussures.

Insultes cruelles

À te voir la face, ta mère a gardé le placenta et a jeté le bébé.

Après t'avoir rencontré, j'ai décidé que j'étais en faveur de l'avortement dans le cas d'une relation entre frère et sœur.

Beau bonhomme… tu veux un fusil ou une corde ?

Bravo ! Tu es le parfait argument contre le mariage entre membres d'une même famille.

C'est dommage qu'à l'époque où t'es né, l'avortement n'était pas encore légal.

Dire que sur 100 millions de spermatozoïdes, c'est toi qui as survécu.

Est-ce que c'est toi qui es sur l'affiche pour la campagne qui fait la promotion de la contraception ?

Est-ce que tu veux remplacer mon partenaire d'affaires qui est mort ce matin ? Je peux arranger ça sans problème avec le croque-mort.

J'ai entendu dire que ta mère s'était fait avorter. Et maintenant que je te vois, je sais que c'est vrai.

J'ai entendu dire que ton frère était fils unique, maintenant que je te vois, je sais que c'est vrai.

J'ai entendu dire que tu étais né sur une ferme. Est-ce qu'il y a eu d'autres survivants dans la portée ?

Je sais que tu ne peux pas vivre sans moi, donc j'ai déjà préparé tes funérailles.

Je souhaiterais sincèrement voir ton visage dans le journal : à la rubrique nécrologique.

Je te regarde et je comprends parfaitement pourquoi certains animaux mangent leur propre enfant.

Ne me remercie pas de t'insulter, c'était réellement un plaisir.

Ne te sens pas mal, plusieurs personnes n'ont aucune raison de vivre. Maintenant, tu fais partie de celles-là.

Quand je te vois, je souffre.

Quand on te voit, on est pour la légalisation de l'euthanasie.

Quand t'es né, le médecin a frappé ta mère.

Quand tu étais petit, ta mère a cherché quelqu'un pour s'occuper de toi, mais la mafia lui demandait beaucoup trop cher.

T'as un visage tellement laid que même ta mère ne peut pas l'aimer.

Si ton père et ta mère divorcent, est-ce qu'ils vont rester frère et sœur ?

Ta mère t'a accouché ou elle t'a vomi ?

Ton père aurait dû se servir d'un mouchoir au lieu d'infecter ta mère !

Tu as des dizaines et des dizaines d'ancêtres. C'est vraiment difficile de croire qu'autant de gens sont à blâmer pour avoir produit quelqu'un comme toi.

Tu devrais apprendre des erreurs de tes parents et te faire stériliser dès maintenant.

Tu es né parce que ta mère était contre l'avortement ; maintenant, elle est pour l'infanticide.

Tu ne seras jamais l'homme que ta mère était !

Insultes menaçantes

Approche que je te présente mon pied, il a vraiment envie de connaître ton cul.

Approche ta petite face de mon poing, il s'ennuie loin d'elle.

As-tu fait tes préarrangements funéraires ? Non ? Vas-y, je te donne cinq minutes.

As-tu fait tes préarrangements funéraires ? T'aurais dû !

Ça te dit de nager dans ton propre sang ?

Ça te ferait bien, des pantoufles en ciment.

Ça te tente de déjeuner au sérum, demain matin ?

Dépêche-toi de numéroter tes os, je vais te les changer de place !

Dis-moi, tu aimerais mourir de quelle façon ?

Est-ce que t'as déjà digéré des dents ?

Est-ce que tu aimerais avoir un poing tatoué dans la face ?

J'ai bien envie de mettre ton trou de cul dans le milieu de ta face.

J'ai vraiment envie de mettre tes couilles à la place de tes amygdales.

J'y ai pensé longuement, et c'est franchement inutile que tu sois en vie.

Je ne te détesterais plus autant si tu me laissais t'étouffer.

Je sais pas si, une fois enterré, tu prendrais racine, mais je suis certain que tu ferais un excellent engrais !

Je vais t'arracher la tête et te remplir le corps de béton !

Je vais t'arracher le bras et je vais te frapper avec le bout qui saigne.

Je vais te casser la gueule, et c'est pas une menace, c'est une prédiction.

Je vais te casser les deux jambes, pis les donner à un cul-de-jatte.

Je vais te dévisser la tête et te cracher dans le corps.

Je vais te faire manger tes genoux !

J'aimerais vraiment te passer sur le corps… avec ma voiture.

Ne bouge pas, j'essaie de t'imaginer avec une hache dans la tête.

Qu'est-ce que tu dirais de te faire étrangler avec tes propres tripes ?

Quand je te vois, j'ai envie de boxer.

Quand je te vois, je comprends vraiment les cannibales.

T'as faim ? Je pourrais te faire bouffer tes deux yeux et pour dessert, je te ferais avaler tes dents.

Ta gueule sera beaucoup plus attirante quand je l'aurai déplacée.

Es-tu mûr pour quelques semaines de vacances à l'hôpital ?

Tu sais qu'avec un pied dans le fond de ta gorge, tu peux arrêter de respirer.

Une fois empaillé, il me semble que tu ferais un beau trophée de chasse.

Va donc réserver ta place au cimetière !

Veux-tu perdre connaissance maintenant ou j'attends encore un peu ?

Veux-tu savoir ce que tu aurais l'air les deux bras arrachés ?

Veux-tu savoir combien de temps tu peux rester sous l'eau avant de suffoquer ?

Veux-tu savoir combien tu mesures pas de jambes ?

Veux-tu savoir combien tu pèses pas de dents ?

Viens te coucher que je puisse t'étouffer avec un oreiller.

Insultes en vrac

Abricot poilu
Acteur (actrice) de série B
Allergène
Assommoir sur deux pattes

Barbie
Bête à manger du foin
Bisounours
Bite molle !
Bouche d'égout
Bouche-trou
Bouchon de circulation
Bureaucrate endimanché

Caca pourri
Caca qui pue
Cadavre déterré
Carcasse à vautour
Carrefour congestionné
Célibataire par dépit

Cerveau fossilisé
Cerveau fracturé
Cerveau ridé
Chaînon manquant
Champ de fraises
Chien bâtard
Chien galeux
Con de la racine
Coquerelle
Couche pleine
Coupe-faim
Crâne bouché
Cro-magnon

Débile profond
Délateur véreux
Dernier des cons
Destructeur d'hémorroïdes
Deux de pique
Deux de quotient
Diplômé de l'université des slomos

Échantillon d'anthrax
Espèce de mime paralysé
Espèce de vomi de restants de table

Face d'envie de chier
Face de boudin froid

Face de camembert
Face de cul de poule
Face de scrotum
Face de tapisserie bon marché
Face de trou de mines
Fesses d'huîtres
Fossile d'intelligence
Frigide
Fumier de lapin
Furoncle de cadavre

Graine de gorille
Gros caca mou
Gros caca moulu

Haleine de cheval
Homme préhistorique
Hyène

Iceberg
Impuissant
Irrigateur de côlon

Jus de poubelles

Lavette de l'espace
Laxatif

Lèche-ordures
Lècheux de poils
Lècheux de poubelles
Loque humaine
Lumière brûlée

Macaque invertébré
Maître nouille
Maladie contagieuse
Mangeur de beigne
Mangeur de choux de Bruxelles
Mangeur de crapaud
Mangeur de trou de beigne
Marsouin aphasique
Mauvaise nouvelle sur deux pattes
Ménopausée
Mésadapté
Morue
Mou du bulbe

Nain de jardin
Nénuphar à poil
Nœud volant

Ours mal léché

Pas de colonne
Pâté de foie avarié

Pelle à tarte
Pénis mou
Petit pois
Pinocchio
Plaie ouverte
Plancton de vomi aquatique
Poilu comme une mascotte
Poison à rat
Pompe à merde

Quiche lorraine

Rat d'égout
Réservoir à conneries
Réservoir à pus
Résidu de capote trouée
Résidu de fausse couche de laboratoire
Résidu de fausse couche
Résidu de mousse de nombril
Résidu de produits toxiques
Reste de masturbation

Sale cul de rat
Sans saveur
Simili-humain
Siphonneux de fosse septique *(gracieuseté de Bruno Landry, ex-membre du groupe Rock et Belles Oreilles)*

Sniffeux de *mop*
Sous-sol
Suceur de déchets
Suceur de vie
Sueur de porc
Supermarché de l'ignorance

Tête d'eau
Tête de vainqueur
Trou noir à poils
Truie obèse

Usine à merde
Usine à poubelles

Vomi de lendemain de veille

Zéro de quotient

Tu me...

Tu m'écœures !

Tu me donnes de l'urticaire !

Tu me brises les gosses !

Tu me brûles les rognons !

Tu me casses les burnes !

Tu me casses les couilles !

Tu me coupes la circulation !

Tu me donnes de l'urticaire !

Tu me donnes mal au cœur !

Tu me fais chier !

Tu me fais défriser !

Tu me fais gerber !

Tu me fais souffrir !

Tu me fais vomir !

Tu me fous en rogne !

Tu me les fais carrés !

Tu me rends violent !

Tu me scies la patience !

Tu me scies tous mes nerfs !

Tu me tombes sur les nerfs !

Tu m'énerves !

Tu me fais suer !

Mange…

Mange de la dinde avariée !

Mange de la chnout !

Mange de la colle !

Mange de la compote d'excréments !

Mange de la marde de vache, pis étouffe-toi !

Mange de la marde !

Mange de la tarte à marde !

Mange des parasites !

Mange donc de la vache folle !

Mange donc des déchets dangereux !

Mange donc des produits toxiques !

Mange donc une beurrée d'acide à batterie !

Mange du cyanure !

Mange du foin !

Mange du poil !

Mange du poison à rat !

Mange la merde que tu as dans la tête !

Mange un char !

Mange une barge de marde, pis cure-toi les dents avec la pelle !

Mange une beurrée de marde !

Mange de la dynamite !

Mange de la poudre à canon !

Mange de la vitre !

Mange du savon !

Mange des lames de rasoir !

Je...

Je t'éclate la tête !

Je t'emmerde !

Je t'encule !

Je te chie dessus !

Je te découpe en morceaux !

Je te fais bouffer tes couilles !

Je te fais sauter la tronche !

Je te gerbe à la gueule !

Je te mets mon pied au cul !

Je te mitraille de pus !

Je te passe la tête dans le four !

Je te pisse à la raie !

Je te retourne et je te baise !

Je te vide le cerveau !

Je te vomis dans la gorge !

Ah ! pis va donc...

Va donc chier !

Va donc en orbite !

Va donc péter dans les fleurs !

Va donc prendre une douche de pesticides !

Va donc marcher sur l'autoroute !

Va donc respirer dans l'espace !

Va donc suivre un cours d'intelligence chez Pamela Anderson !

Va donc t'asseoir dessus, pis tourne !

Va donc t'empoisonner !

Va donc te faire changer l'huile par ton garagiste !

Va donc te faire empailler !

Va donc te faire empaler !

Va donc te faire greffer un cerveau !

Va donc te faire hara-kiri !

Va donc te faire laminer !

Va donc te faire lancer des roches !

Va donc te faire vasectomiser !

Va donc te gargariser avec de l'acide !

Va donc te laver la face avec du papier sablé !

Va donc te noyer dans une fosse septique !

Va donc te coucher devant un train !

Va donc te jeter en bas du pont !

Va donc rejoindre ta famille au zoo !

Va donc te faire ramoner !

Va donc te coucher sur la rails du métro !

Va prendre l'air sous un train !

Va donc te faire sauter la face !

Va donc sniffer de l'anthrax !

Va donc te faire électrocuter !

Va donc te coucher dans une valise de char !

Le vocabulaire de l'insulte de A à Z

A

Abruti, e : personne qui ne démontre aucun signe d'intelligence. *Quel abruti fini !*

Achalant, e: personne qui en importune une autre ; personne qui dérange par ses paroles, ses gestes, son attitude ou sa présence. *Débarrasse la place, achalant !*

Agace : personne qui excite, qui provoque sexuellement, mais qui ne veut pas aller plus loin. *Cette fille-là est juste une agace ! Ce gars-là est un agace !*

Agace-pissette : fille allumeuse, qui aguiche les garçons sexuellement sans vouloir aller trop loin. *Elle est jolie, mais c'est juste une agace-pissette !*

Agace-plotte : gars séducteur, qui provoque l'excitation chez une fille mais qui est incapable ou qui ne veut pas passer à l'acte. *Espèce d'agace-plotte !*

Agrès : personne peu soigneuse de son apparence, qui ne paraît pas intelligente ou d'agréable compagnie. *Hier soir, j'étais soûl, je ne me suis pas rendu compte que t'étais un agrès !*

Air bête : personne qui arbore un air peu sympathique et peu ouvert aux autres ; quelqu'un qui ne sourit pas, qui fait la gueule, qui est hostile à l'endroit d'autrui. *Plus air bête que ça, tu te changes en animal !*

Air cave : personne ridicule ou qui se sent ridicule. *T'as donc ben l'air cave arrangé de même ! Regarde l'air cave qui passe !*

Air de bœuf : personne qui a l'air bête, de mauvaise humeur. *Change ton air de bœuf ou va-t'en !*

Air innocent : quelqu'un qui a l'air de ne pas être là, de ne pas comprendre, qui vient de gaffer sans s'en rendre compte. *T'as donc ben l'air innocent !*

Air simple (avoir l'air simple) : être niaiseux et drôle à la fois ; ne pas avoir l'air vif d'esprit. *T'as vraiment l'air simple !*

Analphabète : personne qui manque visiblement d'éducation, de connaissances ou de culture. *Analphabète diplômé !* (Insulte du capitaine Haddock, personnage d'Hergé)

Andouille : personne niaiseuse, ridicule, qui fait preuve d'une grande imbécillité. *T'es une vraie andouille !*

Âne : personne têtue et bornée ou qui ressemble, de près ou de loin, à un âne. *T'es juste un âne pour dire des choses pareilles !*

Arriéré, e ou arriéré, e mental, e : personne lente, qui fait preuve de stupidité ; attardée. *Dégage ! Je ne fréquente pas les arriérés !*

Asperge : personne mince, maigre et élancée ou qui a le teint vert. *L'asperge, je te regarde pis ça me donne le goût de prendre de la drogue !*

***Asshole*:** terme anglais pour trou du cul, qui s'adresse à une personne qui ne vaut pas grand-chose, par ses gestes, ses paroles ou par le seul fait qu'elle respire. *Eh!* asshole*! Fais de l'air! Eh!* asshole*! Change de pays!*

Attardé, e ou attardé, e mental, e: personne en retard sur son époque, rétrograde. *Maman! T'es ben attardée!*

Autruche: quelqu'un qui refuse de voir la vérité en face, qui fuit ses obligations. *Arrête de faire l'autruche et sors de ma vie!*

B

B.S.: personne paresseuse, peu éduquée et qui ne fait rien de ses journées; personne pauvre intellectuellement. (Cette insulte n'a rien à voir avec les assistés sociaux.) *Maudite école de B.S.! On n'apprend rien!*

Babouin, e: personne qui s'apparente physiquement ou mentalement aux singes. *Sale babouin!*

Baise-la-piastre: personne pour qui l'argent est plus important que tout. *Tu peux bien être riche! T'es juste un baise-la-piastre!*

Baleine : femme grosse ou obèse qu'on veut insulter. *Grosse baleine !*

Baptême : juron qui marque l'étonnement, l'admiration, la surprise, la colère, la haine. *Baptême que t'es épais ! Lui ? Y'est con en baptême ! Baptême de triple imbécile !*

Barbeux, se : quelqu'un d'ennuyant, d'assommant, qui fatigue tout le monde avec des histoires plates et sans intérêt. *Ton père est aussi barbeux que toi !*

Barnaque : juron plus atténué que tabarnac, qui s'emploie dans le même sens. *Mon barnaque de chien sale !*

Barnique : juron plus atténué que tabarnac, qui s'emploie dans le même sens. *T'es juste une barnique de folle !*

Bâtard : juron qui appuie l'étonnement, l'admiration, la colère, le mépris ou la haine. *Bâtard ! Habillé, t'es pas regardable, imagine tout nu !* S'emploie pour maudire une personne ou une chose qu'on déteste. *Bâtard de chien sale !*

Batarnaque : juron plus atténué que tabarnac, qui s'emploie dans le même sens. *Batarnaque ! C'est quand même ben pas de ma faute si tu t'habilles comme au siècle dernier !*

Batinsse : exclamation de colère, d'impatience, de mépris ; juron qui marque l'étonnement, l'admiration, la surprise, la colère, la haine. *Batinsse que t'es gros ! T'es rien qu'un batinsse d'épais !*

Baveux, se : personne grossière, effrontée, qui n'a pas de manières. *T'es juste un petit baveux !*

Bazouelle : juron qui marque l'étonnement, l'admiration, la surprise, la colère, la haine ou le mépris. *T'es un bazouelle de giguon ! Mon maudit gros bazouelle !*

Bécasse : jeune fille très naïve, bête, simplette. *M'as-tu vu le gars avec sa bécasse ?*

Bêta, sse : personne bête, niaise. *Gros bêta ! Maudite bêtasse finie !*

Bitch: femme méchante, cruelle ; garce ; se dit aussi d'une femme qu'on jalouse. *Maudite grande* bitch*!*

Bœuf: insulte très familière et risquée utilisée à l'endroit d'un policier. *Envoye ! Donne-la ta contravention, le bœuf !*

Boit-sans-soif: personne qui abuse de l'alcool, qui boit sans avoir soif. *Espèce de boit-sans-soif !* (Insulte du capitaine Haddock, personnage d'Hergé)

Bonguenne, bonguienne: juron qui marque l'étonnement, l'admiration, la surprise, la colère, la haine. *C'est grave en bonguenne d'être laid de même ! Mon grand bonguienne, toi !*

Bonyieu, se, bongueu, se: juron qui exprime l'étonnement, l'admiration, la surprise, la colère, la haine. *T'es rien qu'une vieille bonyieuse ! Bonyieu ! T'es vite en affaires !*

Bouledogue: personne agressive, qui gueule pour rien. *Les nerfs, le bouledogue !* Personne qui a de grosses joues pendantes. *T'as jamais pensé à te faire remonter la face, le bouledogue !*

Bourrique : personne bête et têtue. *J'aimerais mieux négocier avec un terroriste qu'avec une bourrique dans ton genre !*

Bozo : personne simplette, attardée, tarée, qui agit de manière peu intelligente ; efficace contre les clowns. *Ramasse tes ballons pis fais de l'air, bozo !*

Braillard, e : personne qui crie, qui chante ou parle de façon assourdissante. Pleurer bruyamment, se plaindre sans arrêt, gueuler inutilement. *Espèce de braillard !*

Branleur : personne qui passe son temps à ne rien faire. *Bon à rien ! Branleur !*

Bretteux, se : personne lente, qui tarde à accomplir quelque chose par paresse ou par procrastination. *Avance, le bretteux !*

C

Cachalot : personne plutôt grosse ou obèse qui prend trop de place. *Le cachalot ! Va donc rejoindre ta famille à Sea World !*

Cactus (sympathique comme un cactus) : se dit d'une personne désagréable, aux manières discutables et peu souriante. *Cette fille-là est aussi sympathique qu'un cactus !*

Caillou : homme chauve qui accepte mal sa situation ou qui arbore un toupet peigné de manière à camoufler sa calvitie. *Va donc t'acheter une perruque, caillou !*

Câlasse : juron plus atténué que calice, qui s'emploie dans le même sens. *Grand câlasse d'insignifiant !*

Câlasser : frapper, lancer, débarrasser, jeter. *Je vais t'en câlasser rien qu'une !*

Câlife : juron plus atténué que calice, qui s'emploie dans le même sens. *Gros câlife d'épais !*

Câlifer : frapper, lancer, débarrasser, jeter. *Je vais te câlifer là assez raide !*

Câline : juron plus atténué que calice, qui s'emploie dans le même sens. *Maudit câline de clown !*

Câlique : juron plus atténué que calice, qui s'emploie dans le même sens. *Câlique que t'es laide !*

Câlisse : juron exprimant l'impatience, la colère, le mépris, la surprise, l'étonnement ou la haine. *Câlisse que t'es épais ! Câlisse de grande folle !*

Câlisser : frapper, lancer, débarrasser, jeter. *Je vais te câlisser ça au bout de mes bras !*

Calistirine : juron plus atténué que calice, qui s'emploie dans le même sens. *Mon calistérine de sale !*

Callé, e : personne ridicule qui dit des choses sans fondement *(expression typique de la région du Saguenay— Lac-Saint-Jean). T'es ben callé !*

Calvaire : juron exprimant l'impatience, la colère, le mépris, la surprise, l'étonnement ou la haine. *Calvaire ! T'es ben cochon !* S'emploie pour maudire une personne ou une chose qu'on déteste. *Gros calvaire de crotté !*

Calvasse : juron plus atténué que calvaire, qui s'emploie dans le même sens. *Calvasse que tu prends de la place !*

Calvince : juron plus atténué que calvaire, qui s'emploie dans le même sens. *T'es rien qu'un calvince de pas bon !*

Cancer : personne désagréable, exigeante, égoïste, qui abuse et profite d'autrui. *T'es qu'un profiteur, qu'un sale cancer !*

Casse-couilles : personne énervante, achalante, casse-pieds. *Espèce de casse-couilles !*

Casse-pieds : personne qui gêne, qui dérange, qui importune. *Maudit casse-pieds !*

Casseux, se de party : trouble-fête, rabat-joie qui gâche une soirée, qui embête les invités ou qui pousse tout le monde à partir avant que la soirée soit terminée. *Je ne t'invite pas, t'es rien qu'un casseux de party !*

Catin : femme de belle apparence, facile, de mœurs légères, qui recherche les plaisirs sexuels, peu sérieuse, qui prend tout à la légère et qui agit de façon vulgaire. *Je veux rien savoir ! T'es rien qu'une maudite catin !*

Cave : personne imbécile, qui manque de jugement, qui se fait avoir, qui se laisse embobiner, qui est ridiculisée. *Maudit cave !*

Cerveau ramolli : personne bête, stupide et imbécile. *Gros cerveau ramolli !*

Champ de fraises : personne laide, imbécile et qui a le visage couvert de boutons. *Eh ! le champ de fraises ! Elles sont mûres à souhait, hein ?*

Charrue : femme n'ayant pas de classe qui se comporte de façon vulgaire et déplacée ou qui est vraiment laide. *Espèce de charrue sale ! Habille-toi, t'as l'air d'une charrue !*

Cheap **:** quelconque, médiocre, commun, sans valeur, peu résistant ; personne avare, qui n'aime pas dépenser ; quelqu'un qui paraît mal, qui est étroit d'esprit. *Garde tout pour toi, maudit* cheap *!*

Chialeux, se : quelqu'un qui se plaint, qui critique sans arrêt, pour rien, qui récrimine constamment, qui reprend tout un chacun. *Maudite chialeuse !*

Chien, ne ou enfant de chienne : personne méchante et dure qui traite autrui sans égards. *Gros chien sale ! T'es rien qu'une chienne finie ! Mon enfant de chienne !*

Chipie : fille détestable, mauvaise. *Grosse chipie !*

Christie : juron plus atténué que crisse ou que sacristie, qui s'emploie dans le même sens. *Gros christie d'épais !*

Christophe : juron plus atténué que crisse, qui s'emploie dans le même sens. *Christophe d'imbécile !*

Ciboire : juron qui appuie l'étonnement, l'admiration, la colère, le mépris ou la haine. *Ciboire de grosse charrue !*

Cibole : juron plus atténué que ciboire, qui s'emploie dans le même sens. *Cibole que t'as pas d'allure !*

Circonférence : personne grosse ou obèse qui prend trop de place. *Eh ! la circonférence !*

Décolle! Tu me caches la vue sur le monde entier!

Client, e: synonyme d'épais, de nono, de tata. *Ôte-toi de là, le client, tu vois bien que tu déranges!*

Clife: juron plus atténué que crisse, qui s'emploie dans le même sens. *Clife de cochon sale!*
Clifer: frapper, lancer, débarrasser, jeter. *Je vais te clifer ma main dans la face!*

Clisse: juron plus atténué que crisse, qui s'emploie dans le même sens. *Gros clisse de fou!*
Clisser: frapper, lancer, débarrasser, jeter. *Je vais te clisser la tête dans le mur!*

Cloche: personne incapable, niaiseuse, maladroite. *T'es rien qu'une cloche pas bonne!*

Clousse: juron plus atténué que crisse, qui s'emploie dans le même sens. *Clousse que je te ferais la peau!*

Clown: farceur, comique peu efficace. *J'haïs les clowns!* Femme trop maquillée. *Sac! Tu t'es pas manquée! T'as l'air d'un clown!*

Cochon, ne : personne malpropre physiquement, qui mange mal ou beaucoup. *T'es rien qu'un gros cochon! Tu manges en cochonne!* Personne qui est sexuellement ouvert et qui excelle au lit. *Cette fille-là, c'est une cochonne!*

Coco, coucoune : personne bizarre, pas très futée ni très intelligente. *T'es pas vite, mon coco! C't'enfant-là est pas mal coucoune! Elle retient de sa mère!*

Cocu, e : personne naïve qui est trompée par son conjoint et qui ne s'en rend pas compte, qui ne veut pas le voir. *T'es tellement cocu que pour coucher avec ta femme, tu dois te déguiser en voisin!*

Colon, ne : personne ignorante, sans éducation, qui est incapable de se débrouiller. *Grand colon!*

Con, ne ou connard, connasse : personne dont les paroles ou l'action manquent d'intelligence et de bon sens. *Grosse connasse! T'as étudié où pour être con comme ça?*

Concombre : personne imbécile, stupide, niaiseuse. *Ce gars-là est concombre!*

Consanguin : personne à l'air peu futé et qui vient d'une famille peu futée elle aussi ; façon polie de dire à quelqu'un qu'il est le fruit d'une relation entre un frère et une sœur. *Eh ! le consanguin ! Retourne dans la grange avec ta sœur !*

Cornet : personne ayant un sérieux manque de rapidité intellectuelle et qui agit en idiot. *Eh ! le cornet, arrive ici que je t'arrange la face !*

Cornichon : niais, naïf, peu intelligent. *Dans ta famille, vous êtes cornichons de père en fils ! À croire que vous vous reproduisez dans le pot !*

Couillon, ne : personne imbécile, stupide ou méchante. *T'es vraiment qu'un sale couillon !*

Courailleux, se : personne qui recherche constamment des aventures amoureuses et sexuelles, qui est débauchée, infidèle. *Ton mari est un beau courailleux !*

Courge : personne stupide, imbécile, épaisse. *Cette fille-là est une courge !*

Crétin, e : personne stupide, sotte et imbécile. *T'es tellement crétin que ça ne doit pas être légal !*

Creton, ne : personne innocente, imbécile, niaiseuse, idiote ; peut être aussi un terme affectueux, selon le contexte. *T'es ben creton, petite tête !*

Crime : juron plus atténué que crisse, qui s'emploie dans le même sens. *Crime que t'as pas rapport ! Mon crime de con !*

Crispé, e : personne dont l'attitude, les paroles et les gestes sont raides, froids, timides. *Eh ! la crispée ! Penche-toi pas, tu vas casser !*

Crisse : juron exprimant l'impatience, la colère, le mépris, la surprise, l'étonnement ou la haine. *Crisse que t'es pas vite !* S'emploie pour maudire une personne ou une chose qu'on déteste. *Crisse de con !*

Crosseur, se : personne qui se masturbe ; un escroc, un malhonnête, quelqu'un qui profite d'autrui. *Étouffe-toi avec ton auto, maudit crosseur !*

Crotté, e : personne malpropre, physiquement ou moralement. *Mon gros crotté !*

Croûton, croûte : personne arriérée, bornée, sans ouverture d'esprit. *Vieux croûton ! Vieille croûte !*

Cruchon, cruche : personne niaiseuse, bête et ignorante ; qui est le dernier de sa classe. *Plus cruche que ça, on se met à faire de la poterie !*

Cucul : niaiseux, un peu ridicule, sot. *T'es ben cucul !*

D

Dadais : garçon niais et un peu gauche. *Y'est ben dadais, ton mari ! Tu l'as pas élevé ?*

Débile mental, e : personne souffrant d'une imbécillité chronique. *T'es complètement débile mental !*

Déchet : personne minable, méprisable. *T'es un déchet !*

Demeuré, e : personne pourvue d'une intelligence faible, peu développée. *Il est pas laid, mais il est un peu demeuré.*

Dinde : se dit d'une femme peu futée, qui s'est fait avoir. *C'est une maudite belle dinde de l'avoir cru !*

Dindon : personne qui se fait avoir, qui se fait ridiculiser ou qui est ridicule naturellement. *T'es le dindon de la farce !*

***Dump* à ordures :** personne répugnante, repoussante ou désagréable. *T'es une grosse* dump *à ordures !*

Duplicata : à dire de quelqu'un qui tente d'être la copie de quelqu'un d'autre. *Trouve-toi une personnalité, le duplicata !*

E

Écœurant, e : quelqu'un qui soulève le cœur, qui décourage ou démoralise, qui dit ou fait des choses dégoûtantes. *T'es un écœurant !*

Écornifleux, se : personne curieuse, indiscrète, qui ne se mêle pas de ses affaires. *T'es ben écornifleux !*

Effronté, e : personne insolente, qui n'a honte de rien ; qui fait preuve d'impudence et d'impertinence. *Sors d'ici, petit effronté !*

Éléphant : homme gros ou obèse qu'on veut insulter. *Mon Dieu, l'éléphant, t'es tout seul ? À t'entendre marcher, je pensais que t'arrivais avec ton troupeau !*

Emplâtre : individu sans énergie, qui ne fait rien, qui n'est bon à rien, qui est incapable de se débrouiller et lent. *Avec un emplâtre de même comme patron, on va faire faillite !*

Enculé, e : personne enfoirée, épaisse, méprisable. *Ce petit enculé, je lui aurais donné une bon coup de pied !*

Enculer : sodomiser, fourrer, foutre. *Va te faire enculer !*

Enculé, e de merde : personne enfoirée, épaisse, méprisable. *Enculé de merde !*

Enculé, e de ta race : personne enfoirée, épaisse, méprisable. *Enculé de ta race !*

Enculeur de mouches : personne qui s'acharne sur des détails, qui est énervante, achalante. *Sale enculeur de mouches !*

Enfant de... : juron plus ou moins intensif, employé à toutes les sauces dans le but d'insulter quelqu'un. *Enfant de chique, de nanane, de nénane, de pute, de putain, de mes deux, de chienne, du voisin, du laitier, du facteur, des couilles de ta mère*, etc.

Épais, se : qui est très idiot, très niaiseux, mal élevé. *T'es épais dans le plus mince. À t'entendre, y'a pas juste ton cul qui est épais.*

Épaissir : à dire à quelqu'un qui engraisse, qui prend du poids, qui est gros. *Tu épaissis en vieillissant. Est-ce que c'est ta peau qui épaissit ?*

Éphrem : homme pas très futé et manquant visiblement d'intelligence et de vivacité d'esprit. *Il est ben trop éphrem pour comprendre !*

Escogriffe : homme plutôt grand, mal proportionné, relâché, négligé. *Grand escogriffe !*

Estie : juron plus atténué que ostie, qui s'emploie dans le même sens. *Mon estie de sans-génie !*

F

Face à fesser dedans : personne qui a une face qui nous donne envie de frapper. *Maudite face à fesser dedans !*

Face d'anus : personne minable, méchante ou répugnante. *Va te cacher, face d'anus !*

Face de bat, batte : personne dont le visage peut ressembler à un pénis ou dont la tête ne nous revient tout simplement pas. *J'ose même pas te regarder, face de rat !*

Face de bœuf : personne qui n'est pas de bonne humeur, qui n'a pas l'air gentil. *Coudonc ! T'as donc ben une face de bœuf !*

Face de carême : personne qui n'exprime que la mauvaise humeur, qui fait preuve d'un esprit borné. *Grande face de carême !*

Face de cul : personne minable, méchante ou répugnante. *T'es ben bête, face de cul !*

Face de furet : personne à l'air hypocrite, indigne de confiance. *Hypocrite ! Face de furet !*

Face de grimaces : se dit à quelqu'un qui a un visage repoussant, déformé, dont les traits et l'expression sont hors normes. *Face de grimaces ! T'es pas beau tout de suite ni plus tard, hein ?*

Face de macramé : pour quelqu'un dont on n'aime pas la face. *T'as une face de macramé !*

Face de pet : personne peu jolie, dont les attributs physiques laissent à désirer. *Va donc te faire voir, face de pet !*

Face de pizza : personne laide et imbécile ou qui a le visage couvert de boutons. *Va te sabler le visage, face de pizza !*

Face de poisson : personne méchante, stupide ou qui a l'air d'un poisson ou qui sent mauvais. *Eh ! face de poisson ! La poissonnerie est dans l'autre rue !*

Face de porc frais : personne à l'air bête, qui ne semble rien comprendre. *Maudite grosse face de porc frais !*

Face de pus : personne répugnante, désagréable, avec ou sans boutons dans la figure. *T'es ben laid, face de pus !*

Face de rat : personne avare, malhonnête ou de mauvaise foi. *To,i ma face de rat, fais de l'air avant que je te décapite !*

Face de rectum : personne minable, méchante ou répugnante. *Mon espèce de face de rectum, toi !*

Fardeau : personne difficile à supporter. *Ta seule fonction sur cette terre, c'est d'être un fardeau !*

Fatigant, e ou fatiquant, e : personne embarrassante, insistante, encombrante, dont on a de la difficulté à se débarrasser. *Maudite fatiquante !*

Fendant, e : personne prétentieuse, arrogante, fanfaron. *Plus fendant que ça, tu te coupes la face avec une hache.*

Fif, fifi : homosexuel, homme efféminé, gay. *As-tu vu le fif!* Personne faible, incapable, peureuse. *T'es pas capable de lever ça ? T'es ben fifi !*

Figurant, e : personne inutile, sans intérêt, qui passe inaperçue. *Eh ! le figurant ! Si tu respirais pas, on pourrait croire que t'es mort !*

Fils de pute, de putain : personne stupide ou méchante de qui on suppose que sa mère est une putain. *Dégage ! Fils de pute !*

Fin (avoir l'air fin) : avoir l'air niaiseux, ridicule. *Tout nu, t'as l'air fin, hein ?*

Flanc-mou : personne paresseuse, qui manque d'énergie, fainéante, empâtée, nonchalante. *Tu t'es fait greffer un oreiller dans' face, maudit grand flanc-mou !*

Fou, folle : personne sans cervelle, se comportant de manière bizarre, irréfléchie. *Maudit fou !*

Frappable : personne qu'on a envie de frapper pour une ou plusieurs raisons. *T'es frappable !*

Fucké, e : personne un peu perdue, qui ne comprend rien. *T'es rien qu'un fucké ! Maudite fuckée !*

Fumier : personne méprisable ; quelqu'un qui est une ordure, un salaud. *Ce gars-là est un beau fumier !* Se dit aussi d'une personne dont l'odeur ou la présence nous est insupportable et dont on veut se débarrasser. *Cou'donc ! Depuis que t'es arrivé, ça sent le fumier.*

Furet : personne qui agit hypocritement, en utilisant la manipulation. *T'es juste un furet !*

Furoncle : personne repoussante, répugnante, qui n'est pas la bienvenue. *Va donc écœurer ailleurs, le furoncle !*

G

Gaga : personne une peu gâteuse, folle ou complètement obnubilée par quelqu'un ou quelque chose. *Elle est complètement gaga de lui !*

Giguon, ne : personne imbécile, épaisse, conne (expression typique de la région du Saguenay—Lac-Saint-Jean). *T'es juste un maudit giguon !*

Gino Camaro : homme qui tente de séduire par le fait qu'il conduit une voiture de type Camaro, qui se peigne comme Erik Estrada et porte des lunettes fumées démodées. *Eh ! Gino Camaro ! Ton auto est aussi démodée que toi !*

Gino, Ginette : personne séductrice, aux allures et aux attitudes plutôt démodées qui tente de séduire tout ce qui bouge autour d'elle, en vain; se caractérise par le port de jeans au moins quatre tailles trop petites. **Gino :** homme arborant bracelet, chaîne et médaillon en or. *Eh! le Gino ! Va jouer sur l'autoroute !* **Ginette :** se dit d'une femme qui se coiffe avec beaucoup de fixatif et qui est une fausse blonde. *T'es ben Ginette peignée de même !*

Girafe : grande femme maigrichonne ou personne affublée d'un long cou ou qui agit de façon déplacée et qu'on veut insulter. *Eh ! la girafe ! Trouve-toi donc un homme qui n'est pas marié, pour une fois !*

Gland : se dit à quelqu'un qui nous énerve. *Maudit que t'es gland !*

Glandeur : personne qui passe son temps à ne rien faire. *Paresseux ! Glandeur !*

Gnochon, ne ou niochon, ne : nigaud, niaiseux, crétin, imbécile; qui oublie quelque chose d'important, qui est incapable d'apprendre quelque chose. *T'es le plus gnochon de la classe !*

Goberge : se dit d'une personne sans talent, sans compétence ou au physique peu attirant. *Ce comédien est une goberge !*

***Gogo-boy, gogo-girl*:** personne au physique avantageux qui utilise la vulgarité pour provoquer l'attention des autres. *Eh ! le gogo-boy ! Tu déranges !*

Gomme (à la gomme) : personne ou objet sans valeur. *Un truc à la gomme. Un gars à la gomme. Une sœur à la gomme.*

Gosseux, se : personne qui n'est pas minutieuse dans son travail, qui bâcle ce qu'elle fait ; qui s'acharne en vain sur quelqu'un ou quelque chose. *Espèce de gosseux de niaiseux d'épais !*

Goujat : homme grossier, indélicat, malotru, surtout envers les femmes ; personne que les femmes rêvent de gifler en public. *Quel goujat !*

Goulache : se dit d'une femme qui a l'allure et la carrure d'un haltérophile hongrois. *Eh ! la goulache ! Tu joues à quelle position au football américain ?*

Gourde : personne niaiseuse et maladroite. *Sale gourde !*

Grande folle : se dit d'un homme efféminé, dont la masculinité est inexistante ; travesti. *Espèce de grande folle !*

Grande gueule : quelqu'un qui parle fort et avec autorité. *Notre patron, c'est une grande gueule !*

Granola : personne dont le style de vie est basé sur une union avec la nature et qui écœure tout son entourage avec ses beaux principes et son tofu. *Étouffe-toi avec ton poncho, le granola !*

Gratteux, se : radin, avare, qui compte ses sous. *Garde ton argent, maudit gratteux !*

Grébiche : femme acariâtre, antipathique, de mauvaise humeur, frustrée ; vieille fille le plus souvent. *Ostie de vieille grébiche !*

Greluche : femme qui a l'air d'une prostituée. *Eh ! la greluche ! T'es pas juste conne, t'es laide aussi !*

Grimaceux, se : personne qui fait des grimaces ou qui a un visage très expressif. *T'es plus grimaceux qu'un singe !*

Grimée : se dit d'une femme trop maquillée, trop habillée. *Regarde-toi l'allure, t'es ben grimée !*

Gros, se : personne plus large et plus grasse que la moyenne des êtres humains. *T'es grosse comme une vache !*

Gros 10 roues : personne grosse, répugnante ou qui prend de la place. *Tasse-toi, maudit gros 10 roues !*

Gros plein de soupe : individu mou, gras, las ; patapouf. *Tasse-toi, gros plein de soupe !*

Gros plein d'marde ou de merde : personne répugnante ou grosse ou épaisse. *Espèce de gros plein d'marde !*

Grue : femme peu sérieuse, cupide, corrompue ou laide, grande et maigre. *Je vais te casser les deux jambes, la grue !*

Grumeau : personne épaisse, qui n'est pas la bienvenue. *Pas encore le grumeau qui est là !*

Gueulard, e : qui a l'habitude de parler haut et fort. *Faites taire ce gueulard !*

Gueule : bouche, clapet, trappe. *Ferme ta gueule !* Allure de la tête de quelqu'un. *J'aime pas ta gueule ! Je vais te casser la gueule !*

Gueux, se : personne insupportable, malcommode. *Arrête ça tout de suite, ma petite gueuse !*

Guidoune ou guedoune : prostituée, putain, catin ; femme facile, de mœurs légères, qui recherche les plaisirs sexuels ; femme qui aime aguicher les hommes, même s'ils sont accompagnés. *T'as pas juste l'air, t'es une vraie guidoune !*

H

Haïssable : détestable, exécrable, odieux ; qui mérite d'être détesté, haï. *T'es un haïssable de la pire espèce !*

***Has been* :** personne démodée, rétrograde, quétaine, qui a peut-être déjà connu du succès et qui a été populaire dans le passé. *Bel* has been, *ce chanteur-là !*

Hastie : juron plus atténué que ostie, qui s'emploie dans le même sens. *Hastie que tu pues !*

Hippopotame : personne grosse ou obèse qu'on veut insulter. *Eh ! l'hippopotame ! Combien ça te prend de pèse-personnes pour te peser ?*

Hostie : juron exprimant l'impatience, la colère, le mépris, la surprise, l'étonnement ou la haine. *Hostie que t'es con !* S'emploie pour maudire une personne ou une chose qu'on déteste. *Gros hostie de pas bon!*

Hystérique: personne exagérément excitée par la rage, la colère ou la joie. *Je sors pas avec toi, t'es juste un hystérique!*

I

Imbécile: bête, idiot, niaiseux, stupide. *Tu es le dernier des imbéciles!*

Imbétardé: façon de traiter quelqu'un d'imbécile, de taré et de retardé en un seul mot. *Espèce d'imbétardé!* (Schulz, l'auteur de Charlie Brown, en a fait l'insulte de Lucy)

Infertile: personne ou couple sans enfant, du type « je-sais-tout », qui se mêle de l'éducation des enfants de leurs proches. *Est-ce que t'es infertile à cause de tes hormones ou de ton sale caractère?*

Innocent, e: idiot, imbécile, épais. *Maudit grand innocent!*

Insignifiant, e : personne qui passe inaperçue, qui est inintéressante, sans personnalité. *Grand insignifiant !*

J

Jésus de plâtre : juron exprimant l'impatience, la colère, le mépris, la surprise, l'étonnement ou la haine. *T'es ti-coune en Jésus de plâtre !*

Jos-Connaissant (Ti-Jos-Connaissant) : personne qui sait tout, qui en sait plus que tout le monde, qui a quelque chose à dire sur tout. *Regarde-moi le Ti-Jos-Connaissant ! Il ne sait même pas de quoi il parle !*

L

Langue de vipère : personne qui répand des rumeurs, des mensonges sur autrui dans le seul but de nuire. *Je me tais devant toi, langue de vipère !*

Langue sale : se dit d'une personne qui parle en mal des autres, qui répand des rumeurs et des cancans. *Gargarise-toi avec de l'eau de Javel, maudite langue sale !*

Lèche-cul : personne qui flatte et qui se soumet à une autre dont elle désire les faveurs. *C'est un vrai lèche-cul avec le patron !*

Lécheur, se : personne qui flatte les autres de façon à obtenir quelque chose. *Regarde comme elle est lécheuse, elle veut lui emprunter de l'argent !*

Légume : quelqu'un qui a la tête vide, qui ne fait rien, qui regarde sans voir, qui ne comprend pas ce qui se passe. *T'es juste un légume !*

***Looser*:** terme anglais pour perdant ; personne sans talent, qui échoue, qui ne réussit pas. *Maudit* looser *!*

M

Mal amanché, e : personne maladroite et malhabile, qui n'a pas de chance ou qui se met dans des situations difficiles. *T'es ben mal amanché !* Homme dont les organes sexuels ne sont pas avantageux. *Je couche pas avec toi, tout le monde dit que t'es mal amanché !*

Malavenant, e : personne malcommode, peu sympathique, désagréable, qui n'est pas la bienvenue. *T'es ben malavenant !*

Malcommode : se dit d'une personne désagréable, qui semble prendre plaisir à déranger. *Maudit vieux malcommode ! C'est juste une malcommode !*

Malengueulé, e : personne qui s'exprime de façon vulgaire et déplacée, avec bon nombre de jurons et de sacres. *Retourne donc à l'école, maudit malengueulé !*

Mangeux d'marde ou de merde, mange'marde (merde) : quelqu'un à qui on ferait manger de la merde. *Ôte-toi de mon chemin, maudit mangeux d'marde !*

Maniéré : se dit d'un homme dont les manières sont efféminées, dont l'allure est plutôt féminine. *T'es trop maniéré pour que je te considère comme un homme !*

Maudasse : juron plus atténué que maudit, qui s'emploie dans le même sens. *Maudasse de pas de classe !*

Maudine : juron plus atténué que maudit, qui s'emploie dans le même sens. *Tu m'énerves en maudine !*

Maudit : juron exprimant l'impatience, la colère, le mépris, la surprise, l'étonnement ou la haine. *Maudit ! T'es ben chien sale !* S'emploie pour maudire une personne ou une chose qu'on déteste. *Mon maudit fumier !*

Mautadine : juron plus atténué que maudit, qui s'emploie dans le même sens. *Mautadine que la vie t'a pas donné une belle face ! T'es rien qu'un mautadine* looser *!*

Mautadit : juron plus atténué que maudit, qui s'emploie dans le même sens. *T'es un mautadit pas bon. Mon mautadit crotté !*

Mongol à batteries : personne niaiseuse, épaisse et nerveuse. *Écrase, le mongol à batteries !*

Moron, ne : personne peu intelligente, qui agit de façon peu logique. *Je vais te grafigner la face, le moron !*

Morpion : personne qui n'est pas la bienvenue quelque part ou qui provoque des démangeaisons dans son entourage ; parasite. *Gros morpion ! Va-t'en ou j'appelle l'exterminateur !*

Morveux, se : personne baveuse, qui nous dérange. *Mon espèce de petit morveux !*

***Mosus* :** juron exprimant l'impatience, la colère, le mépris, la surprise, l'étonnement ou la haine. Mosus ! *Cache-toi la face, tu fais peur !* S'emploie pour maudire une personne ou une chose qu'on déteste. *Mon* mosus *d'insignifiant de crotté !*

Moule : personne dont l'odeur répugnante et l'apparence générale nous soulèvent le cœur. *Ôte-toi de devant ma face, la moule !* Se dit aussi des organes génitaux féminins. *T'as pas la moule fraîche, ça sent jusqu'ici.*

Moumoune : personne faible, incapable, peureuse. *Lever ça, c'est pas une job de moumounes !*

Tasse-toi, je vais le faire ! Homosexuel, homme efféminé, gay. *Eh ! la moumoune !*

Moumoute : homme portant une prothèse capillaire de mauvaise qualité. *Eh ! la moumoute ! T'es pas juste laid de loin, toi ! De proche aussi !*

Mufle : homme sans délicatesse aux manières désagréables. *Gros mufle !*

N

Nase ou naze : personne fatiguée, inintéressante ou ennuyante. *Tu es vraiment nase, ce soir !*

Navet : personne dont les qualités physiques et l'intelligence sont grandement mises en doute. *Eh ! le navet ! Va rejoindre ta famille dans le potager, là-bas !*

Niaiseux, se : simple, ignorant, bête, idiot, imbécile, con ; peu dégourdi, lent à penser, à agir ; qui manque d'attention, qui perd son temps. *Crisse de niaiseuse !*

Nigaud, e : personne qui agit de façon imbécile et sotte ; bête, niais. *Espèce de nigaud !*

Niochon, ne ou gnochon, ne : personne pas très futée, qui agit de manière peu intelligente. *Maudit grand niochon !*

Niquer : posséder sexuellement, avoir quelqu'un, baiser. *Va te faire niquer ! Je me suis fait niquer !*

***Nobody* :** personne qui ne vaut pas grand-chose, qui est sans grand intérêt. *Si t'arrêtais de respirer, le* noboby, *ça ferait aucune différence !*

Nono, te ou nounoune : idiot, sans intérêt, inutile. *Je veux pas la voir chez nous, elle est bien trop nounoune !*

Nouille : personne molle et niaiseuse. *Plus nouille que ça, on te mange pour le repas !*

Nul, le : personne sans talent, sans valeur par manque de bon sens. *T'es juste un nul !*

Nunuche : personne niaiseuse, simple d'esprit, bête. *Ce gars-là est pas mal nunuche ! C'est une nunuche professionnelle !*

O

Oignon : homme dont le ventre proéminent l'empêche de voir son membre mâle qui s'avère plutôt petit ou inefficace. *Maudit impuissant ! T'es juste un oignon !*

Ostique : juron plus atténué que ostie, qui s'emploie dans le même sens. *Tu comprends rien, mon ostique !*

P

Pantin : personne qui se laisse facilement manipuler. *Tu vaux pas plus qu'un pantin ! T'es le pantin de service !*

Parasite : personne qui vit aux dépens d'autrui, pique-assiette, profiteur. *Ta femme est un vrai parasite !*

Pas rapport : personne qui n'est pas la bienvenue quelque part. *T'es juste un pas rapport, ici !*

Pas vite : personne sotte, qui ne comprend pas les choses rapidement. *T'es pas vite rare !*

Pas bon : personne sans talent, incompétente. *Crisse de gros pas bon !*

Pas de classe : individu qui n'a aucune manière ni décorum ; impoli, malotru, désagréable, déplacé. *Gros pas de classe !*

Patate : personne plutôt ronde ou nonchalante, qui manque d'énergie et qui souffre de paresse. *T'es rien qu'une grosse patate qui passe ses journées assise sur son cul !*

Peau de vache : personne méchante, lâche. *T'es qu'une peau de vache !*

Pédé : homosexuel, homme à l'air féminin ou personne méprisable. *Espèce de petit pédé !*

Pétasse : femme vulgaire, épaisse et bête. *Tu peux la garder, ta pétasse !*

Péteux, se : personne insignifiante et prétentieuse. *Péteux de broue !*

Pisseux, se : personne peureuse, craintive, qui se cache. *Sors d'en dessous du lit, maudit pisseux !* **Pisseuse :** terme péjoratif pour religieuse. *Maudite école de pisseuses !*

Pissou : froussard, peureux, qui ne veut pas courir de risques. *T'es rien qu'un tabarnaque de pissou !*

Plaie : personne déplaisante qui est toujours à la mauvaise place, au mauvais moment. *Eh ! la plaie ! À côté de toi, les dix plaies d'Égypte, c'est le Club Med !*

Plotte : organes génitaux féminins. *Y m'a vu la plotte !* Femme facile, de mœurs légères, qui recherche les plaisirs sexuels ; femme qui se frotte sur tous les mâles autour d'elle, qui ne pense qu'au sexe. *Cette fille-là, c'est rien qu'une plotte !*

Poche à merde : personne dégoûtante, méchante, minable. *T'es juste une grosse poche à merde !*

Poche : nul, mauvais, incompétent. *Tu travailles vraiment comme une poche !*

Poire : personne qui se laisse tromper facilement, qui est naïve. *Plus poire que ça, t'es déficient !*

Popsicle : se dit d'une femme frigide ou d'une personne froide et distante. *Eh ! le popsicle ! T'es tellement froide qu'à côté de toi, il fait chaud au pôle Nord !*

Portes de grange : personne qui a les oreilles décollées ou de grandes oreilles. *Les portes de grange ! Rentre dans la maison, tu vas t'envoler !*

Potiche : femme qui n'est là que pour être là, que pour accompagner son mari ; elle est souvent belle et elle se tait. *T'es pas tannée de jouer la potiche pour la poubelle qui te sert de mari !*

Poubelle : personne dont les qualités sont inexistantes et qui agit mal avec autrui. *Mon mari est une poubelle !* Se dit aussi d'une personne gourmande qui n'arrête pas de manger. *Eh ! la poubelle ! Tu manges encore ?*

Pouffiasse : femme épaisse, vulgaire. *Grosse pouffiasse !*

Pouilleux, se : personne misérable, sordide, malpropre. Désigne souvent les personnes aux cheveux longs peu soignés. *T'as l'air d'un vrai pouilleux, arrangé de même !*

Pourri, e : personne corrompue, ignoble. *Les politiciens sont tous pourris !*

Primate : homme grossier, peu intelligent ou qui ressemble étrangement à un singe. *T'es juste un primate pour agir ainsi !*

Q

Quétaine : personne qui manque de raffinement, de distinction. *Une famille de gros quétaines !* Qui n'est plus à la mode, qui a fait son temps. *Cet acteur-là est quétaine !* Inesthétique, laid, passé de mode. *Tes cheveux sont donc ben quétaines !* Niaiseux, nono, sans intérêt. *Elle écrit juste des émissions quétaines !*

R

***Rack* à poisson :** personne dont l'odeur ou la présence nous est insupportable. *Sors d'ici,* rack *à poisson ! On n'est plus capable de respirer !*

Râleux, se : personne qui proteste, qui manifeste sa mauvaise humeur à tout propos. *C'est rien qu'une râleuse !*

Rat : quelqu'un qui agit de façon malhonnête, hypocrite, qui pratique l'insinuation et qui s'incruste. *T'es juste un rat fini !*

Rechigneux, se : personne qui fait preuve de mauvaise volonté, qui se plaint et se lamente continuellement. *Maudit rechigneux ! Arrête de brailler, pis travaille !*

Rectum : façon « correcte » de traiter quelqu'un de trou de cul. *Eh ! le rectum !*

Roche (sympathique comme…) : se dit d'une personne de mauvaise humeur, bête et dont on évite la compagnie. *J'suis contente de te connaître, t'es sympathique comme une roche.*

S

Sac à merde : personne dégoûtante, méchante, minable. *Tu pues la malhonnêteté, sac à merde !*

Sac : juron plus atténué que sacrement, qui s'emploie dans le même sens. *Sac que t'es épais !*

Sacrament : juron plus atténué que sacrement, qui s'emploie dans le même sens. *Sacrament, Ginette ! T'es un sacrament d'épais !*

Sacréfisse : juron plus atténué que sacrifice, qui s'emploie dans le même sens. *Sacréfisse ! Ta face fait peur !*

Sacrement : juron exprimant l'impatience, la colère, le mépris, la surprise, l'étonnement ou la haine. *Sacrement, tu m'énerves !* S'emploie pour maudire une personne ou une chose qu'on déteste. *Mon sacrement de cave ! T'es* twit *en sacramant !*

Sacrifice : juron exprimant l'impatience, la colère, le mépris, la surprise, l'étonnement ou la haine. *Sacrifice que j'aimerais ça que tu manques d'air !* S'emploie pour maudire une personne ou une chose qu'on déteste. *T'es rien qu'un sacrifice de gros pas bon fini ! Je te déteste en sacrifice !*

Saint, e : juron qui appuie l'étonnement, l'admiration, la colère ou le mépris. Suivi d'un mot, d'un juron, d'un sacre ou d'un insulte quelconque, il appuie d'autant plus l'intention. *Sainte fesse ! Saint insignifiant ! Saint bordel ! Saint Éphrem ! Saint Christ ! Saint épais ! Saint moron !* Etc.

Salament : juron plus atténué que sacrement, qui s'emploie dans le même sens. *T'es gros pis cave en salament !*

Salaud, salope : personne répugnante, repoussante, méprisable, moralement minable. *Il agit comme un salaud ! Quelle salope !*

Sale : personne malpropre physiquement ou moralement, qui est méchante et dure avec autrui. *T'es rien qu'un crisse de sale ! Sale chien ! Sale con ! T'es juste une sale !*

Sangsue : personne collante, dont il est quasi impossible de se débarrasser. *Approche-moi pas, maudite sangsue !*

Sans-allure : personne dépourvue de bon sens, qui n'a guère de manières ; épais, niaiseux. *C'est ben toi, ça ! Un sans-allure !*

Sans-cœur : personne insensible à la souffrance d'autrui ; paresseux, fainéant. *Maudit gros sans-cœur !*

Sans-dessein : épais, niaiseux, qui ne peut se débrouiller. *T'es juste un cibole de gros sans-dessein !*

Sans-génie : épais, niaiseux, qui n'a guère d'intelligence. *Maudit sans-génie !*

Saudine : juron plus atténué que maudine, qui s'emploie dans le même sens. *Mon saudine de sans-génie !*

Saudit, e : juron plus atténué que maudit, qui s'emploie dans le même sens. *Saudit que t'es mal amanché ! Saudite vache !*

Schnock ou schnoque : imbécile, fou, incompétent. *Espèce de vieux shnock !*

Seineux, se : personne qui ne se mêle pas de ses affaires, qui a toujours le nez dans les affaires des autres et chez les autres. *Comme voisin, on fait pas plus seineux que toi !*

Sens unique : personne bornée qui ne veut rien entendre. *Eh ! le sens unique !*

Senteux, se : personne qui cherche à voir et à entendre ce que disent les autres ; fouineur, guetteur, indiscret. *Crisse de senteuse ! Mêle-toi de tes affaires !*

Séraphin : personne très avare et très égoïste, qui ne donne rien pour rien ; quelqu'un qui accumule son argent de manière exagérée. *Grand séraphin !*

Serin : homme aux manières efféminées qui parle avec une voix trop haute. *Eh ! tu te fermes la gueule, le serin, ou t'attends que je te rentre tes plumes dans le cul ?*

Simili-baloney : personne incompétente, incapable, qui échoue. *Eh ! recommence, le simili-baloney !*

Simple (faire simple) : être niaiseux et drôle à la fois ou en avoir l'air. *Tu fais simple !*

Simple d'esprit : personne dépourvue d'intelligence. *Mon pauvre ! T'es qu'un simple d'esprit !*

Slaque : qui est lâche, relâché, sans vigueur, qui manque de vitesse ; qui est mou. *Espèce de grand slaque ! T'as le cerveau slaque en bâtard !*

Slomo : personne lente, pas vite, peu intelligente, agissant de façon irréfléchie, stupide et assommante. *T'es ben slomo !*

Somnifère : personne ennuyeuse, assommante et endormante. *Sors pas avec ce gars-là, c'est un somnifère !*

Soporifique : se dit d'une chose, d'une situation ou d'une personne ennuyeuse, assommante et endormante. *Quelle soirée soporifique !*

Sot, te : quelqu'un qui est bête, ignorant, niaiseux ou stupide. *T'es pas juste un sot, t'es un triple sot !*

Sous-développé : personne dont le développement mental s'est arrêté trop vite ; imbécile, sot, stupide. *C'est pas parce que t'es sous-développé que t'es obligé de rester devant moi !*

Sous-merde : personne minable, méprisable, visiblement inférieure, méchante. *Espèce de sous-merde !*

Stérile : se dit d'une personne dont l'inefficacité, l'incompétence et l'incompréhension des choses sont flagrantes. *T'es vraiment un stérile fini !* Couple sans enfant qui se mêle de l'éducation des enfants de leurs proches. *Qui est stérile : ton mari ou toi ?*

'Stie : juron plus atténué que ostie, qui s'emploie dans le même sens. *'Stie que c'est laid, ta face avec ton corps !*

Suce-la-cenne : personne avare, qui dépense le moins possible. *Si t'étais pas si suce-la-cenne, tu trouverais peut-être autre chose à sucer !*

Suceux de paparmane : personne dont les vêtements, les habitudes sont démodés, dont la manière de penser est rétrograde ; personne bornée, bouchée, qui tient mordicus à ses idées. *Reste donc chez vous, maudit suceux de paparmane !*

T

Tabarnac : juron exprimant l'impatience, la colère, le mépris, la surprise, l'étonnement ou la haine. *Tabarnac, t'es ben trop souvent dans ma face !* S'emploie pour maudire une personne ou une chose qu'on déteste. *Mon gros tabarnac !*

Tabarnache ou tabernache : juron plus atténué que tabarnac, qui s'emploie dans le même sens. *Ma tabernache de sangsue !*

Tabarnane : juron plus atténué que tabarnac, qui s'emploie dans le même sens. *Continue, mon tabarnane, pis je vais te sabler la face !*

Tabarniche ou tabarnique : juron plus atténué que tabarnac, qui s'emploie dans le même sens. *Mon tabarnique de braillard, toi !*

Tabarnouche ou tabernouche : juron plus atténué que tabarnac, qui s'emploie dans le même sens. *Tabernouche ! Encore là ? Je t'avais pourtant dit d'aller te pendre !*

Tabarouette : juron plus atténué que tabarnac, qui s'emploie dans le même sens. *Tabarouette ! T'es pas allé à l'école longtemps !*

Tabarsac ou tabarslac : juron plus atténué que tabarnac, qui s'emploie dans le même sens. *Viens ici, mon vieux tabarslac !*

Tabouère : juron qui réunit tabarnac et ciboire, qui s'emploie dans le même sens. *Mon grand tabouère d'enfant de nanane !*

Tache : personne qui gêne, qui fatigue, qui dérange les autres autour d'elle. *T'es vraiment tache !*

Tante ou matante : homosexuel, homme efféminé, travesti démodé. *Grosse tante laide ! Vieille matante !*

Tantouse ou tantouze : homosexuel, homme efféminé, plus très jeune. *Grosse tantouse !*

Taon : personne qui s'énerve, qui énerve en s'agitant inutilement. *Quand je te vois, le taon, je suis pour l'utilisation des pesticides !*

Tapette : homosexuel, homme efféminé, gay. *Eh ! la tapette !* Personne faible, incapable, peureuse. *T'as peur ? T'es ben tapette !*

Tapon : gars un peu épais, un peu imbécile, mais pas nécessairement méchant. *T'es tapon rare !*

Taré, e : bête, idiot, imbécile, attardé. *Crissez le camp, gang de tarés !*

Tarlais ou tarla : idiot, imbécile, niaiseux, épais. *T'es aussi tarlais que ton frère ! Maudite belle famille !*

Tarte : personne ridicule, empotée, cruche. *T'es une belle tarte pour dire ça !*

Tas : personne répugnante dont l'odeur, l'attitude, les gestes, les paroles ou l'apparence nous sont insupportables ; très efficace si employé avec « gros ». *Pas encore toi, gros tas !*

Tata : personne sotte, stupide, niaiseuse. *Ce gars-là, c'est un méchant tata !*

Taupin : fier-à-bras, batailleur et pas trop brillant. *T'es un taupin de la pire espèce !*

Tawouin, e : personne imbécile, stupide, qui agit sans réfléchir. *Attends pas que je te sorte avec une pelle, maudit tawouin !*

Terroriste : personne méchante qui aime terroriser, menacer ou faire peur à son entourage. *Crisse de terroriste à marde !*

Tête carrée : anglophone. *Eh ! la tête carrée ! Va donc vivre en Ontario !*

Tête d'œuf : personne stupide, imbécile ou chauve ou qui a la tête en forme d'œuf. *Eh ! tête d'œuf ! Dégage ou je te scalpe !*

Tête de bite : personne bête, stupide, imbécile ou qui a la tête qui ressemble à un pénis. *Ta gueule ! Tête de bite !*

Tête de bourrique : personne qui a une gueule à s'entêter ou qui ressemble, de près ou de loin, à une bourrique. *Enlève ta tête de bourrique devant ma face avant que je l'arrache !*

Tête de carotte : personne rousse qu'on désire insulter. *Va te teindre les cheveux, tête de carotte !*

Tête de citrouille : personne rousse ou prétentieuse, arrogante. *Je regarde ta tête de citrouille, toi, pis tu dois pas avoir besoin de déguisement pour l'Halloween !*

Tête de cochon : entêté, borné, orgueilleux. *Maudite tête de cochon !*

Tête de cul : personne imbécile, méchante et dont la tête ne nous revient pas. *Eh ! tête de cul !*

Tête de gland : personne bête, stupide, imbécile ; qui a la tête qui ressemble à un pénis ; qui a la tête dure. *T'es vraiment une tête de gland !*

Tête de grelots : se dit d'une personne peu intelligente, qui n'a rien dans la tête. *Cette chanteuse a une tête de grelots !*

Tête de linotte : personne étourdie, écervelée. *Eh ! ma noire ! Je t'écoute, pis y'a pas juste les blondes qui sont des têtes de linotte !*

Tête de melon : personne prétentieuse qui se prend pour une autre. *Tête de melon, à quel moment de ta vie t'as commencé à faire chier ?*

Tête de nœud : personne dont la tête ne nous revient pas. *Grosse tête de nœud !*

Tête de noix : personne bornée, têtue, qui a la tête dure ou qui est chauve en partie ou complètement. *T'es vraiment une belle tête de noix !*

Tête de pioche : personne butée, entêtée, bornée, qui reste sur ses positions, qui ne veut pas changer d'idée. *Écoute-moi donc, vieille tête de pioche !*

Tête de touffe : personne énervante, souvent pourvue de cheveux frisés.

Tête de veau : personne nigaude, paresseuse, bête, souvent laide. *Ta mère doit être une vache parce que toi, t'as une tête de veau.*

Tête de zob : personne bête, stupide, imbécile ou qui a la tête qui ressemble à un pénis. *Sale tête de zob !*

Tête en l'air : personne distraite, pas très intelligente, inattentive. *Tête en l'air ! Regarde ce que tu fais !*

Tête vide : personne qui n'a rien dans la tête, qui est idiote. *Eh ! tête vide ! Va donc voir dehors si t'es là !*

Tête à claques : personne qu'on a envie de frapper. *Je vais t'en foutre juste une, maudite tête à claques !*

Têteux, se : personne qui est profiteuse, achalante, emmerdeuse. *C'est le têteux de patron qui s'en vient !* Personne lente, qui ralentit les autres. *C'est un têteux dans la voiture devant nous !*

Ti-coune : personne à l'allure retardée, tarée ; personne dépourvue d'intelligence et de jugement. *Envoye, mon ti-coune, reste pas là pis avance ! Je ne te parle plus ! T'es ben trop ti-coune !*

Torche : femme grande et grosse, plutôt répugnante ou désagréable. *Maudite grosse torche !*

Toto : personne idiote, niaiseuse. *Eh ! le toto ! Fais de l'air avant que je t'arrache la face !*

Toton : nigaud, stupide, niaiseux. *T'es vraiment toton !*

Touffe : se dit d'une fille qui n'est pas particulièrement jolie et qui dérange. *T'es rien qu'une grosse touffe !* Désigne aussi les organes génitaux féminins. *Cache-toi la touffe !*

Tout-nu : personne dépourvue de richesses, pauvre de corps et d'esprit. *T'es rien qu'un mautadit tout-nu !*

Toutoune : fille ronde, grosse ou obèse qu'on souhaite insulter. *Eh ! la toutoune, toi pis tes 50 livres de trop prennent pas mal de place !*

Trou de cul ou trou du cul : personne malhonnête, méchante ou visiblement inférieure au reste du monde. *J'engage pas des trous de cul dans ton genre !*

Truck : femme dont l'apparence et la façon d'être sont masculines. *Pour un* truck, *t'es pas mal sexy.* Femme dont le langage et les manières sont brusques et vulgaires. *Cette fille-là est aussi délicate qu'un* truck *!*

Gros, se ou large comme un *truck* : se dit d'une partie du corps. *T'as le cul large comme un* truck *!*

Truffe : personne idiote, imbécile. *Ce gars-là n'est qu'une truffe !*

Truie : femme malpropre, grosse, insignifiante ou trop aguichante. *Espèce de grosse truie !*

Twit : personne idiote, imbécile et stupide. *Est-ce que tu peux être plus* twit *? C'est impossible, hein ?*

V

Vache : femme méchante, dure ou qui est grosse et désagréable. *T'es rien qu'une maudite vache !*

Vendu, e : personne qui a aliéné sa liberté, promis ses services pour de l'argent ou une faveur, qui est corrompue. *Les riches sont tous des vendus !*

Verrue : personne dégoûtante physiquement ou moralement, qui n'est pas la bienvenue. *Grosse crisse de verrue sale !*

Vieux bouc, vieille bique : personne dont les idées, les habitudes ou la vie sont d'une autre époque ; personne têtue, butée. *Grand-maman ! T'es juste une vieille bique !*

Vingieu, se ou vingueu, se : juron exprimant l'impatience, la colère, le mépris, la surprise, l'étonnement ou la haine. *Vingieu de lâche de pas de classe !*

Vinguienne ou vinyenne : juron exprimant l'impatience, la colère, le mépris, la surprise, l'étonnement ou la haine. *Vinyenne que t'es colon, des fois !*

Vipère : personne malfaisante, dangereuse. *Je me méfie de toi, vipère !*

Vlimeux, se : personne qui est dangereuse sans le paraître ; escogriffe, malicieux, manipulateur. *Ce gars-là est plus vlimeux qu'opportuniste !*

W

***Wanne be*:** quelqu'un qui aspire à devenir une vedette, un artiste, qui veut devenir quelqu'un, qui persévère, s'acharne, mais qui n'a aucun talent. *Tu fais rien de bon,* wanna be*!*

Z

Zaudit : juron plus atténué que maudit, qui s'emploie dans le même sens. *Zaudit sans-dessein d'insignifiant de bâtard !*

Zouave: faire le zouave, le malin, le pitre, le clown, l'imbécile. *Bougre de zouave à la noix de coco !* (Insulte du capitaine Haddock, personnage d'Hergé)

Zouf: personne idiote, qui agit sans réfléchir. *T'es ben zouf ! Regarde ce que tu fais !*

Zozo : niaiseux, idiot. *T'es zozo en batinsse de penser ça !*